判例から学ぶ

警察車両による追跡活動

〔補訂版〕

国賠訴訟判例研究会　著

東京法令出版

増刷にあたって

　本書は、平成15年前後頃に、警察車両による追跡活動中における交通事故（逃走車両の自損事故、あるいは逃走車両が第三者（車両）を巻き込んだ事故）が全国的に増加していたことから、適正な追跡のあり方について、判例（最判昭和61年2月27日）及びその後の裁判例を踏まえて、その指針を示すべく、平成16年に発刊したものです。発刊後、類書がなかったこともあり、実務にあまねく利用されておりましたが、今回、読者の要望もあり、久しぶりに増刷の運びとなりました。

　初版発刊から14年がたちましたが（平成21年に補訂版）、上記最高裁判決が示した判例法理はなお、適正な追跡活動のあり方についての重要かつ不可欠な指針であることに、変わりはありません。上記最高裁判決は、検察官の職務行為と国家賠償責任に関して判断した最判昭和53年10月20日等の考え方（職務行為基準説）と同様、警察車両による追跡行為についても「当該職務目的を遂行する上で不必要であるか、又は逃走車両の逃走の態様及び道路交通状況等から予測される被害発生の具体的危険性の有無及び内容に照らし、追跡の開始・継続若しくは追跡の方法が不相当であることを要するものと解すべきである」旨判示しています。このことからすると、違反行為等の現認を端緒として停止を求めたにもかかわらず、これに応じないため追跡行為に移る場合、通常、追跡の必要性は肯定されますが、追跡の相当性については、①違反行為、②逃走の態様、③追跡の方法・態様、④道路交通状況等から判断されることになります。本書で取り上げた裁判例においても、この視点から当該追跡の適否を判断しています。

　本書は、『判例から学ぶ警察車両による追跡活動』との書名のとおり、裁判所の考え方を拠り所として、各事例を分析し、実務の現場に追跡活動の基本的な判断基準を提示していますので、追跡活動の現場における必読の文献として、引き続きご活用いただけたら幸甚です。

　平成30年9月吉日

著　者

補訂版に寄せて

　今回は、犯罪情勢についての数値を最新のデータに改め、また、自動車運転過失致死傷罪の新設、道路交通法の罰則改正及び最近の追跡活動中の事故（報道記事）の追加などを踏まえ、必要な補正を行ったものである。

　本書の考え方（警察車両による追跡活動の基本的指針）は、前版と何ら異なるところはなく、追跡活動における最高裁昭和61年2月27日第一小法廷判決及びこれに続く裁判例こそが、最良の規準であり、これらの理解なくしては的確な追跡活動をなしえないことはいうまでもないことを、ここに改めて確認したい。

　その後の新たな裁判例には、現時点で接しておらず、引き続き判例の渉猟を図りつつ、なお一層の充実を期し、皆様の要望にこたえたいと思う。

　　平成21年1月吉日

　　　　　　　　　　　　　　　　　　　　　　　　　　著　　者

はしがき

　最近、パトカー等警察車両による追跡活動中追跡された逃走車両が、逃走中に自らが、あるいは第三者（車両）との交通事故を起こし、重大な結果を招く事故が増加している。

　追跡活動中の事故が増加している背景には、刑法犯認知件数の増大、広域的・組織犯罪や不法滞在外国人犯罪の増加、地域社会の犯罪抑止機能の低下、国民の規範意識の低下、公務執行妨害事犯の増加等悪化した治安情勢が関連していることがうかがわれ、今後とも追跡活動の必要が一層高まることが予想される。

　逃走車両の逃走理由をみると、赤信号無視等の違反に隠れた重大な違反（無免許運転、飲酒運転など）、若しくは他の犯罪（覚せい剤等の法禁物の所持、盗難車両の運転、指名手配など）の発覚を恐れていたなどが認められる。

　そのような中で、逃走車両に対してなされた警察官の停止要求に素直に従う者のみを検挙し、重大な容疑を抱える者に対する追跡活動を躊躇し、「逃げ得」を許すとなると、社会の公平感が著しく阻害され、ひいては犯罪行為の助長にもつながることとなり、警察官に付与された「犯罪の予防、鎮圧及び捜査、被疑者の逮捕、交通の取締その他公共の安全と秩序の維持」（警察法第2条第1項）という警察責務を果たすことは到底できない。

　そこで、これら追跡事案に対して適切に対処していくためには、追跡活動における国家賠償法に基づく損害賠償請求事件の中で最高裁（昭和61年2月27日第一小法廷判決）が初めて明らかにした違法性判断の規準（追跡が職務目的を遂行する上で必要性があるか、又は逃走車両の逃走の態様及び道路交通状況等から予測される被害発生の具体的危険性の有無及び内容に照らし、追跡の開始・継続若しくは追跡の方法に相当性が

あるか）の理解、更にはその後、本判例の規準に照らした裁判例の理解が何よりも不可欠である。加えて、本判例の考え方は、海上保安官の乗り込む巡視艇によりなされた不法操業船舶（不審船）に対する追跡活動中、逃走船舶が転覆し乗組員が死亡した損害賠償請求事件判決（名古屋地裁）においても承継されていることにも注目される。

　本書は、これまで実務的にも不解明であった追跡活動について、最高裁判例、これに続く裁判例こそが追跡活動の最良の規準であり、これらの理解なくしては一層の応用はできないとの視点から、《第１・パトカー等警察車両による追跡活動における実務のあり方》、《第２・判例編》及び《第３・より深い理解のために》の双方から詳細に分析検討を加えたものであり、これまで追跡活動に関する類書がなかったことを踏まえると、唯一の書であり、実務に有効に活用できるものと確信している。

　今後とも、本書が追跡活動のバイブルとなるべく新たな判例（裁判例）を広く渉猟しつつ更なる充実を期すこととしたいと思う。

　どうか、本書を絶えず手元におき、効果的に活用され、自信をもった追跡活動がなされることを願ってやまない。

　　平成16年11月吉日

　　　　　　　　　　　　　　　　　　　　　　　　　著　　者

目　次

第1　パトカー等警察車両による追跡活動における実務のあり方

1　はじめに ………………………………………………………… 3
2　基本的な考え方 ………………………………………………… 5
3　最近の全国紙からみた追跡活動の社説報道等 ……………… 12
　(1)　平成15年12月6日付け毎日新聞・社説 ………………… 12
　(2)　平成15年12月30日付け朝日新聞（大阪版）…………… 13
4　追跡活動中の事故増加の背景～刑法犯認知件数の増大等とも関連～ ……………………………………………………… 14
5　追跡活動の規準は斉一化できるか …………………………… 15
6　追跡活動の現場にとって、最高裁判例こそが最良の追跡活動の規準 ………………………………………………… 16
7　最高裁判例を踏まえ、追跡警察官（運転者）及び同乗者の役割、本署幹部・通信指令課（室）が一体となった組織的な連携 ……………………………………………… 20
8　幹部による平素の教養 ………………………………………… 22
　(1)　裁判例を押さえる …………………………………………… 22
　(2)　教養のポイント（追跡活動に当たり考慮すべき事項）…… 23
9　事案発生時の措置 ……………………………………………… 38
　(1)　基本的な考え方 ……………………………………………… 38
　(2)　因果関係の存否の問題（追跡を中止した後に、逃走車両が起こした事故）……………………………………… 41
10　報道対応上の問題 ……………………………………………… 46
11　結　び …………………………………………………………… 57

第 2 判 例 編

No.1 警察官のパトカーによる追跡を受けて車両で逃走する者が惹起した事故により第三者が損害を被った場合において、右追跡行為が国家賠償法 1 条 1 項の適用上違法であるというための要件
〈最高裁第一小法廷昭和61年 2 月27日判決〉……………61

No.2 白バイに追跡された交通違反車両（自動二輪車）が逃走中に第三者（自転車）と衝突、死亡させた事故につき、追跡行為に違法性はないとされた事案
〈東京地裁昭和61年 7 月22日判決〉……………82

No.3 パトカーに追跡された自動二輪車が対向車と衝突し自動二輪車の運転者と同乗者が死亡した事故につき、追跡行為に違法性はないとされた事案
〈前橋地裁昭和63年 9 月26日判決〉……………94

No.4 暴走行為に自動二輪車で参加した高校生が、パトカーの追跡を受け道路標識に激突し、運転者が死亡し、同乗者が重傷を負った事故につき、追跡行為に違法性があるとされた事案
〈徳島地裁平成 7 年 4 月28日判決〉……………105

No.5 パトカーにより速度違反として追跡された逃走車両が逃走中に第三者（自動二輪車）に衝突、重傷を負わせた事故につき、追跡行為に違法性はないとされた事案
〈仙台地裁平成 7 年10月30日判決〉……………119

No.6 不法操業船（不審船舶）が海上保安庁の巡視艇に追跡され転覆し、乗組員が死亡した事故につき、追跡行為に違法性はないとされた事案　〈名古屋地裁平成13年11月 9 日判決〉………133

第3　より深い理解のために

事案Ⅰ　札幌地裁昭和51年4月20日判決（北海道〈道警〉側の責任否定）
　　　　〜速度違反車を追跡中、交差点で逃走車両が第三者（被害車両・原告）に衝突させた重傷事故に係る損害賠償請求事件〜……………………………………………………………………155

事案Ⅱ　横浜地裁昭和52年1月25日判決（神奈川県〈県警〉側の責任肯定・その後控訴取下げにより確定）
　　　　〜面識のある無免許運転の男を追跡中、逃走車両が第三者（被害者・原告）に衝突させた重傷事故に係る損害賠償請求事件〜…………………………………………………………157

事案Ⅲ　富山地裁昭和54年10月26日判決（富山県〈県警〉側の責任肯定）
　　　　〜第2「判例編」№1に紹介した事案（事案Ⅸ）と同一事故で、最初にX（加害者）に衝突されたY運転車両の同乗者の死亡（原告・死者の遺族）に係る損害賠償請求事件〜…160

事案Ⅳ　東京地裁昭和56年3月31日判決（東京都〈警視庁〉側の責任否定）
　　　　〜速度違反及び信号無視を追跡中、交差点で逃走車両が第三者（被害車両・原告）に衝突させた重傷事故に係る損害賠償請求事件〜……………………………………………………163

事案Ⅴ　富山地裁昭和57年4月23日判決（富山県〈県警〉側の責任肯定）
　　　　〜第2「判例編」№1に紹介した事件（事案Ⅸ）の第一審判決〜………………………………………………………166

事案Ⅵ　名古屋高裁金沢支部昭和58年4月27日判決（富山県〈県警〉側の責任肯定）
　　　　〜事案Ⅴの控訴審〜……………………………………170

事案Ⅶ　大阪地裁昭和59年12月24日判決（大阪府〈府警〉側の責任否定）
　　　　〜追跡された逃走車両が高速道路出口の検問中の停止車両に衝突、その衝撃で第三者の車両を炎上させ運転者を死亡させた事故（原告・死者の遺族）に係る損害賠償請求事件〜…170

事案Ⅷ　神戸地裁昭和60年9月25日判決（兵庫県〈県警〉側の責任否定）
　　　　〜無免許等の発覚をおそれて信号無視を繰り返し逃走中、交差点で逃走車両が第三者（被害車両・原告）に衝突させた重傷事故に係る損害賠償請求事件〜……………………173

事案Ⅸ　最高裁第一小法廷昭和61年2月27日判決（富山県〈県警〉側の責任否定）
　　　　〜パトカーが違反車両を追跡中に違反車両が第三者（車両）と衝突した交通事故で第三者（車両）の乗務員が重傷を負った事故（原告）に係る損害賠償請求事件〜………………175

事案Ⅹ　東京地裁昭和61年7月22日判決（東京都〈警視庁〉側の責任否定）（東京高裁昭和62年5月27日判決、控訴棄却・確定）
　　　　〜白バイが信号無視・ヘルメット着用義務違反の自動二輪車を追跡、自動二輪車は無免許運転の発覚をおそれて逃走中、第三者（自転車）に衝突させ死亡させた事故（原告・死者の遺族）に係る損害賠償請求事件〜…………………176

事案ⅩⅠ　前橋地裁昭和63年9月26日判決（群馬県〈県警〉側の責任否定・確定）
　　　　〜パトカーが信号無視、ナンバープレート隠蔽等の自動二輪車を追跡、自動二輪車は逃走中に対向車と衝突し、同車の運転者・同乗者ともに死亡した事故（原告・死亡した同乗者の遺族）に係る損害賠償請求事件〜……………………176

事案XII 仙台地裁平成7年10月30日判決（宮城県〈県警〉側の責任否定）
　　～パトカーが違反車両を追跡中に違反車両が第三者（自動二輪車）と衝突した交通事故で自動二輪車が重傷を負った事故（原告）に係る損害賠償請求事件～……………………………176

事案XIII 仙台高裁平成8年5月29日判決（控訴棄却・確定）
　　～事案XIIの控訴審～……………………………………………177

```
（注）　判例集等略語は、次によることとした。
　　　判時………判例時報
　　　判タ………判例タイムズ
　　　民集………最高裁判所民事判例集
```

第1 パトカー等警察車両による追跡活動における実務のあり方

1　はじめに

　最近、全国的にパトカー等の警察車両が追跡活動中、追跡された逃走車両が逃走中に自らが、あるいは第三者（車両）との事故を起こし、重大な結果に至ったケースが報道されている。

　これらの中には逃走車両から損害を被った第三者（車両）が追跡活動を当たった警察官に違法があったとして国家賠償法に基づく損害賠償請求が提起されているものもある。

　逃走車両に一般的に共通するのは、赤信号無視等の交通違反に隠れた重大な違反の発覚をおそれて（無免許運転、飲酒運転など）、他の犯罪の発覚をおそれて（覚せい剤等の法禁物の所持、盗難車両の運転、指名手配など）などで、これが検挙を逃れるためなどの理由によるものが多い。

　およそ警察は、個人の生命、身体及び財産の保護に任じ、犯罪の予防、鎮圧及び捜査、被疑者の逮捕、交通の取締りその他公共の安全と秩序の維持に当たることをもってその責務とする（警察法2条）ものであり、警察官は、異常な挙動その他周囲の事情から合理的に判断して何らかの犯罪を犯したと疑うに足りる相当な理由のある者を停止させて質問することができる（警察官職務執行法2条）のであり、また、現行犯人は何人でも逮捕状なくしてこれを逮捕することができる（刑事訴訟法213条）のであるから、この対象者に対しては、事案を解明するため警察権限を行使して、公共の安全と秩序を速やかに回復、維持する責務があり、かかる対象者を目前にしながら、これを座視し、あるいは等閑視することは許されないというべきである。

　もとより、相手方が逃走した場合、追跡は逃走する相手方に接近する有効かつ合理的な行為であり、警察責務を果たす上で重要な職務行為でもある。

　かくして、警察官の停止要求に素直に従う者のみが検挙され、他の重大な容疑を抱える者がこれに従わず逃走し、これに対して警察官において追跡活動を躊躇することになれば、逃走行為を容認することとなり、社会の公平感が著し

く阻害され、ひいては犯罪の助長にもつながり、警察法第2条第1項の「犯罪の予防、鎮圧及び捜査、被疑者の逮捕、交通の取締その他公共の安全と秩序の維持」という警察責務を到底果たすことはできず、決して「逃げ得」を許すことができないことはいうまでもない。

　これに対して、手配を行い組織的に対応し、事後捜査で足りるのではないかという意見もあるが、手配により組織的に対応するといっても、手配を受けた他のパトカーが逃走車両を発見した場合、これを追跡することとなり、結局、先行パトカーからの追跡が継続されることには変わりはなく、また通常の逃走事案の場合、緊急配備対象事件のような組織的対応をとることはあり得ないし、事後捜査といっても盗難車両、ナンバー偽造、覚せい剤等の容疑が認められる場合、容易に証拠隠滅等が図られることとなり、結局、追跡活動により検挙しなければ事案の真相を明らかにすることは困難となる。

　このようなことから、必然的に追跡活動が伴うこととなるが、それでは、警察車両に追跡された逃走車両が逃走中、第三者（車両）に損害を与えた場合、かかる追跡行為が国家賠償法第1条第1項の適用上、違法となるのはどのような追跡行為が行われた場合かが問題となる。

> ※　国家賠償法第1条第1項
> 　国又は公共団体の公権力の行使に当る公務員が、その職務を行うについて、故意又は過失によって違法に他人に損害を加えたときは、国又は公共団体が、これを賠償する責に任ずる

　そこで、昭和50年5月に富山県下でパトカーが違反車両を追跡中に違反車両が起こした第三者（車両）との衝突事故で、第三者車両の乗務員が重傷を負ったため、富山県〈県警〉に対して国家賠償法上の責任を提起し、最高裁判所まで激しく争われた事案について、最高裁第一小法廷昭和61年2月27日判決が示した判断規準が以後の追跡活動のリーディングケースとなっているため、これらを中心に紹介することとする。

2　基本的な考え方

　パトカー等緊急自動車による緊急走行に基づく追跡活動に際しては、道路交通法上、一般車と異なる運行上の優位性が認められている。

　まずここで、緊急自動車について確認すると、それは道路交通法上規定するところであり、警察用自動車のうち、犯罪の捜査、交通の取締りその他の警察の責務遂行のため使用するものが緊急用務のため、運転中のものをいい、緊急用務のために運転するときは、サイレンを鳴らし、かつ、赤色の警光灯をつけなければならない。ただし、速度違反を取り締まる場合において、特に必要があると認めるときは、サイレンを鳴らすことを要しない（道交法39条、同法施行令13条・14条）とされている。

　このような緊急自動車の特性に着目して、緊急自動車が、その用務として走行する場合、以下の「緊急自動車に係る交通方法の特例一覧」に掲げたとおり、その通行方法に関する特例が認められている。

緊急自動車に係る交通方法の特例一覧

番号	特例項目	交通方法の特例内容	適用条文
1	右側通行の特例	車両は、すべて道路の左側部分を通行しなければならない（左側通行の原則・17条4項）が、緊急自動車は、一定の場合（17条5項規定のほか、追越しをするためその他やむを得ない必要があるとき）、右側通行（道路の右側部分にその全部又は一部をはみ出しての通行）が許される。	39条1項
2	停止義務免除の特例	車両等は、法令の規定（踏切、赤信号等）により停止しなければならないが、緊急自動車は一時停止しないで進行できる。 　この場合、他の交通に注意して徐行しなければならない。	39条2項

3	通行禁止道路通行の特例	車両等は、道路標識等によりその通行を禁止されている道路又はその部分を通行してはならないが（8条1項）、緊急自動車はこれに従わなくてもよい。	41条1項
4	安全地帯等、立入り禁止部分進入の特例	車両は、安全地帯又は道路標識等により車両の通行の用に供しない部分であることが表示されているその他の道路の部分に入ってはならないが（17条6項）、緊急自動車は進入して通行できる。	41条1項
5	左側寄り通行の原則除外の特例	自動車は、原則として道路の左側寄り通行をしなければならないが（18条1項）、緊急自動車には適用されない。	41条1項
6	歩行者の側方通過時の安全間隔保持、徐行義務免除の特例	車両は、歩道と車道の区別のない道路を通行する場合その他の場合において、歩行者の側方を通過するときは、安全な間隔を保ち、又は徐行しなければならないが（18条2項）、緊急自動車はその義務が免除される。	41条1項
7	車両通行帯に従わない通行の特例	車両は、車両通行帯の設けられた道路においては、原則として道路の左側端から数えて1番目の車両通行帯を通行しなければならないが（20条1項）、緊急自動車はこれによらないで通行できる。	41条1項
8	特定車両通行帯の通行の特例	道路標識等により特定の車両通行帯が設けられている場合、車両は、その通行の区分に従い、その車両通行帯を通行しなければならないが（20条2項）、緊急自動車はこれによらないで通行できる。	41条1項
9	路線バス等優先通行帯通行の特例	路線バス等の優先通行帯の道路においては、自動車は、路線バス等が後方から接近してきた場合、交通の混雑のためその通行帯から出ることができなくなるときは、そ	41条1項

第1　パトカー等警察車両による追跡活動における実務のあり方　7

		の通行帯を通行してはならず、またその通行帯を通行している場合、後方から路線バス等が接近してきたときは、すみやかにその通行帯の外に出なければならないが（20条の2）、緊急自動車は路線バス等優先の行動をとらずに進行できる。	
10	道路外に出る場合の右左折の方法に従わない特例	車両は、道路外に出るため左折するときは、あらかじめその前からできる限り道路の左側端に寄り、かつ徐行しなければならず（25条1項）、道路外に出るため右折するときは、あらかじめその前からできる限り道路の中央（一方通行となっているときは、道路の右側端）に寄り、かつ徐行しなければならないが（25条2項）、緊急自動車はこれらの方法をとらなくてもよい。	41条1項
11	車両横断、転回等禁止標識等に従わない特例	車両は、道路標識等により横断、転回又は後退が禁止されている道路の部分においては、その禁止された行為をしてはならないが（25条の2、2項）、緊急自動車は禁止されている道路でも横断、転回、後退ができる。	41条1項
12	車両通行帯における進路変更禁止場所での進路変更の特例	車両は、車両通行帯を通行している場合、その車両通行帯を通行している車両の進路の変更の禁止を道路標示によって区画されているときは、道路工事その他の障害などにより車両通行帯を通行できないときなどの場合を除き、その道路標示をこえて進路を変更してはならないが（26条の2、3項）、緊急自動車は道路標示をこえて進路変更できる。	41条1項
13	いわゆる二重追越しの特例	後車は、前車が他の自動車又はトロリーバスを追い越そうとしているときは、追越しを始めてはならないが（29条）、緊急自動車はいわゆる二重追越しができる。	41条1項
14	追越し禁	車両は、道路標識等により追越しが禁止	41条1項

	止場所での追越しの特例	されている道路の部分及び法定の道路の部分（道路のまがりかど附近、トンネル、踏切等）においては、他の車両（軽車両を除く。）を追い越すため、進路を変更し、又は前車の側方を通過してはならないが（30条）、緊急自動車はこれらの道路の部分でも追越しできる。	
15	交差点での右左折方法に従わない特例	車両は、左折するときは、あらかじめその前からできる限り道路の左側端に寄り、かつできる限り道路の左側端に沿って（道路標識等により通行すべき部分が指定されているときはその部分を通行して）徐行しなければならず（34条1項）、自動車、原動機付自転車又はトロリーバスは、右折するときは、あらかじめその前からできる限り道路の中央に寄り、かつ交差点の中心の直近の内側（道路標識等により通行すべき部分が指定されているときは、その指定された部分）を徐行しなければならず（34条2項）、また一方通行となっている道路において右折するときは、あらかじめその前からできる限り道路の右側端に寄り、かつ交差点の中心の内側（道路標識等により通行すべき部分が指定されているときは、その指定された部分）を徐行しなければならないが（34条4項）、緊急自動車はこの右左折の方法に従わなくてもよい。	41条1項
16	交差点で進行方向を指定した通行区分に従わない特例	車両（軽車両及び原動機付自転車が多通行帯道路の交差点において左折又は右折する場合を除く。）は、車両通行帯の設けられた道路において、道路標識等により交差点で進行する方向に関する通行区分が指定されているときは、道路工事等でやむをえないときを除き、その通行区分に従い、通行帯を通行しなければならないが（35条1	41条1項

		項)、緊急自動車はこれによらないで通行できる。	
17	横断歩道又は自転車横断帯（以下「横断歩道等」という。）接近時の徐行義務免除の特例	車両等は、横断歩道等に接近する場合に、横断歩道等によりその進路の前方を横断しようとする歩行者又は自転車がないことが明らかな場合を除き、横断歩道等の直前で停止することができるような速度で進行しなければならないが（38条1項前段）、緊急自動車はそのような義務を免除されている。	41条1項
18	横断歩道等及びその手前30メートル以内での追抜き禁止除外の特例	車両等は、横断歩道等及びその手前の側端から前に30メートル以内の道路の部分においては、その前方を進行している軽車両以外の車両等の側方を通過してその前方に出て（追い抜いて）はならないが（38条3項）、緊急自動車は追い抜きができる。	41条1項
19	最高速度の特例	車両は、道路標識等によりその最高速度が指定されている道路においてはその最高速度を、その他の道路においては政令で定める最高速度をこえる速度で進行してはならないが（22条）、速度違反（22条の規定に違反する車両等）を取り締まる場合における緊急自動車は、速度制限はない。 　また、緊急自動車は、高速自動車国道の本線車道以外の道路を通行する場合の最高速度は、80キロメートル毎時である（施行令12条3項）。	41条2項
20	交通事故を起こした場合の運転継続	交通事故を起こした車両等の運転者その他の乗務員は、直ちに車両等の運転を停止して、負傷者を救護し、道路における危険を防止する等必要な措置を講じなければな	72条4項

	の特例	らず（72条1項前段）、更に最寄りの警察署の警察官に交通事故発生の日時場所、死傷者数、負傷の程度、損壊した物、損壊程度、事故に係る車両等の積載物、事故について講じた措置を報告しなければならないが（72条1項後段）、緊急自動車の運転者は、引き続き車両を運転する必要があるときは、その他の乗務員に同条1項前段に規定する措置を講じさせ、又は同項後段に規定する報告をさせて、自らはその緊急自動車の運転を継続することができる。	
21	高速自動車国道及び自動車専用道路（以下「高速自動車国道等」という。）での横断、転回、後退ができる特例	自動車は、高速自動車国道等の本線車道においては、横断、転回、又は後退が禁止されているが（75条の5）、緊急自動車はそれが許される。	75条の9、1項
22	高速自動車国道等の本線車道の出入の方法の特例	自動車は、高速自動車国道等の本線車道に入ろうとする場合において、加速車線が設けられているときは、その加速車線を通行しなければならず（75条の7、1項）、また、その通行している本線車道から出ようとする場合においては、あらかじめその前から出口に接続する車両通行帯を通行しなければならず、この場合において、減速車線が設けられているときは、その減速車線を通行しなければならないが（75条の7、2項）、緊急自動車はこのような方法によらずに本線車道からの出入りができる。	75条の9、1項

23	緊急自動車の優先	交差点又はその附近において、緊急自動車が接近してきたときは、路面電車は交差点を避けて、車両（緊急自動車を除く。）は交差点を避け、かつ道路の左側（一方通行となっている道路においてその左側に寄ることが緊急自動車の通行を妨げることとなる場合にあっては、道路の右側。）に寄って一時停止しなければならない（40条1項）。 交差点又はその附近以外の場所において、緊急自動車が接近してきたときは、車両は、道路の左側に寄って、これに進路を譲らなければならない（40条2項）。 緊急自動車に対する避譲義務違反については、罰則（5万円以下の罰金）が設けられている（120条1項2号）。	40条

　これはパトカー等警察用自動車が、速度違反その他の法令違反の機動的な取締りにとどまらず、広く犯人の検挙等を実効あらしめ、それによって公共の安全と秩序を維持せんとするものにあるといえる。

　追跡について、追跡継続によらずとも交通検問その他の捜査方法、ないしは事後の捜査により検挙が可能であったとして、追跡中止の措置をとるべきであったとする見解もあるが（第2「判例編」№1の第一審・富山地裁昭和57年4月23日判決等）、仮に検問所を設置しても必ずしも検問所を通過するとは限らず、また検問所に至ったとしても停止するどころか、これを強行突破することは十分あり得るし（現実に強行突破があり得る）、無線手配をしたところで手配を受けた他のパトカーがこれを発見したとしても、結局は他のパトカーによる追跡状態が継続するにすぎないといえる。

　ましてや事後捜査によっても検挙が可能というが、事後捜査では盗難車、ナンバー偽装・盗品、覚せい剤や銃器等禁制品の隠匿の場合は、極めて検挙が困難となることは必定である。しかも昨今の犯罪情勢として、刑法犯認知件数総量の激増、不法滞在外国人による犯罪の増加、薬物や銃器犯罪の拡散、高級乗用車対象の窃盗事件等、更には捜査環境を巡る問題として、事後捜査としての

聞込捜査の困難化等をも踏まえると犯罪に対しては、現行犯的状況のもとで検挙措置を講じなければならない必要性はますます高まっている。

　したがって、交通検問その他の捜査方法、事後の捜査などの代替方法があるからといってこれに過度に依存して、追跡行為を行うことをためらい、停止に素直に従う者のみが検挙され、これに従わないより犯情の重い被疑者を検挙できないとなれば、結果的に犯罪を助長し逃走を容認することになり、治安維持上、重大な問題を生ずることとなるといわねばならない。

　もっとも追跡活動に際しては、一般通行車（者）の安全確保にも絶えず配意していかなければならないことはいうまでもない。

3　最近の全国紙からみた追跡活動の社説報道等

(1)　平成15年12月6日付け毎日新聞・社説

　全国紙が社説のなかで、追跡活動中の事故に言及するのは極めて異例のことであるが、平成15年12月6日付け毎日新聞・社説は、"パトカー追跡事故、逃げ得許さぬ態勢作りが先決"との見出しで、同年11月23日早朝、パトカーに追跡された逃走車が埼玉県久喜市内の県道交差点を赤色信号無視で進入したため第三者車両との交通事故により第三者車両の同乗者（小学3年生男児）が死亡した事故、更には同種事故の続発をとらえて、「事故が目立つようになったのは一昨年からだ。パトカー側が起こす事故もないわけではないが、ほとんどは追われた車が対向車などと衝突したり、自損するケースだ。追跡を振り切ろうとスピードを出して無謀運転するからだ。なぜ、多発するか。ひとことで言えば、警察がなめられているせいである。警察官が威厳を持ち、畏怖された時代は、パトカーに停止を命じられれば、よほどの悪党でない限り、素直に車を止めたものだ。逃げようとするのは、逃げ切れると考えるからだ。実際、逃げ切ったケースが少なくないし、検挙率の低迷によって警察

力を甘くみる風潮が広がっているせいもある。依然として不祥事が続き、警察官が尊敬されなくなったことも影響しているだろう。」と厳しく指摘し、「逃げ得を許してはならない。重大事件で指名手配中の容疑者かもしれず、酒酔い運転など現行犯で検挙しないと危険な場合も多い。それでも、警察官には安全を最優先した臨機応変な対応を求めたい。事後の捜査で検挙が可能な場合もある。警察本部の通信指令室と連絡を取りながら、深追いをしないように心がけていることは承知しているが、早めに追跡を打ち切る勇気も持ってほしい。」と主張するとともに、「追跡する以上は赤色灯とサイレン、スピーカーによる制止命令の3点セットが不可欠だ。」「大切なことは警察の威信回復に努めるとともに、1台が振り切られても、別のパトカーなどがカバーする態勢を整えることだ。事故の大半が深夜から未明に集中しているのは、実働警察官が少ない時間帯だからであり、逃げる側にもそのことを悟られているからではないか。パトロールのあり方を24時間型社会に対応させ、夜間の動員力を高める方策が不可欠だ。」と論じている。

(2) 平成15年12月30日付け朝日新聞（大阪版）

　平成15年12月30日付け朝日新聞（大阪版）は、"パトカー追跡どこまで"との見出しで、同年11月23日に埼玉県久喜市内の県道交差点において発生した第三者車両の同乗者（小学3年生男児）が死亡した事故、12月10日に高知県土佐市内でパトカーに追われたオートバイが電柱に衝突し、高校生2人が死傷した事故など含めて、警察車両の追跡がきっかけとなった死亡事故は少なくとも平成15年中に20件あるとして、その死傷事故の一覧表を掲げ、「警察当局は、追跡をやめれば『逃げ得』の意識が蔓延すると強調するが、追跡方法が適切だったかどうかをめぐり、警察側を相手取った訴訟も起きている。不審者をどこまで追い、どこで追跡を打ち切るか。明確な基準はなく、判断は現場に委ねられている。」とした上で、識者（板倉宏・日本大学教授）の「交通量や逃走車の速度などから、事故が起きる危険性が高い状況下では、執拗な追跡行為はやめるべきだ。現場の混乱を避けるためにも追いかけるかどうかの判断について明確な内規を作る必要があるのではないか。」との見

4 追跡活動中の事故増加の背景
～刑法犯認知件数の増大等とも関連～

　刑法犯の認知件数は、平成8年から14年にかけて、7年連続で戦後最多の記録を更新し続け、14年には285万件を突破した。その後、15年から減少に転じ、19年中は前年から約14万件（6.9%）減少し190万8,836件と、10年ぶりに200万件を下回った。

　しかし、減少したとはいえ、120万件前後で推移していた昭和40年代を大きく超える水準にあることに変わりなく、情勢は依然として厳しい（平成20年版警察白書）ものがある。

　また、同白書は「厳しい捜査環境」（第2節　警察捜査を取り巻く状況）において、近年の都市部への人口集中、単身世帯の増加、終身雇用制度の崩壊等により、社会における連帯意識や帰属意識が薄まり、他人への無関心や相互不干渉の風潮が広まっている。また、最近では、個人情報の保護を理由に、捜査上必要な情報の提供を拒まれることも少なくない。こうした変化により、捜査活動に対する協力の確保は急激に困難になってきており、聞き込み捜査を端緒とした刑法犯検挙件数（余罪事件及び解決事件を除く。）は、平成5年には1万464件（余罪事件及び解決事件を除く刑法犯検挙件数の4.1%）であったのが、19年には4,820件（同1.4%）と、大きく減少している。このことは、第一線の刑事警察官に対して実施したアンケート調査でも裏付けられており、79.2%の刑事警察官が、捜査に対する協力を得ることが困難であると回答していることなど、を紹介している。

　なお、同白書（平成14年版）は、「警察官の受傷事故等」の項目において、平成13年中の警察官に対する公務執行妨害罪の件数は、2,039件で、平成4年と比べて2.3倍と大幅に増加しており、警察官の職務執行時の負担が増加していること、このため装備品を整備し、受傷事故の防止を図っていることを挙げ

ているが、なおも公務執行妨害は増加傾向にあるといえる。

　これについて、平成20年で第31回を迎えた全国警察逮捕術大会の閉会式において、吉村博人警察庁長官が出席し、入賞者を表彰した後、「警察官に対する公務執行妨害罪の件数が最近は、年間、全国で3,000件に及んでおり、以前は、1,000件にも満たない数字でありましたから、その数字を見ても、全国で、第一線の執行現場で、いろいろと困難な状況が生じていることが、伺えるわけであります。」（日刊警察平成20年12月1日付）旨述べておられるとおり、その増加をうかがい知ることができる。

　この点、地方紙（富山新聞平成20年10月29日付など）においても、盗難車をパトカーにぶつけるなどの公務執行妨害が増加していることを報じていることにもみられる。

　これらをみると、警察活動を取り巻く環境の悪化（国民の意識の変化など諸要因）が、警察官に違法行為を現認され停止を求められても、これに応ずることなく、逃走を図るという関連性が読み取れることから、追跡活動に対する一層の理解が必要となっているといえる。

5　追跡活動の規準は斉一化できるか

　追跡活動のための明確な規準づくりが必要とする見解もあるが、追跡活動は、警察活動の中で極度の緊張感を強いられる執行務の一つであり、追跡には様々な要素（容疑事実、逃走態様・特異な動向、道路交通状況、追跡態様、その他の状況）が密接に関わりあうなかで、高速度で逃走する車両に対処するため、刻一刻変化する事態に対し臨機応変に即応していくという局面で取り得るべき措置について、瞬時の判断が要求されるという特殊性を踏まえると、追跡活動の規準そのものを明確にすることは極めて難しいといわざるを得ない。

6 追跡活動の現場にとって、最高裁判例こそが最良の追跡活動の規準

　追跡活動の適否が争われた判例（裁判例）は、第2「判例編」で詳細に紹介しているとおりであるが、特に、昭和50年5月に富山県下でパトカーが違反車両を追跡中に違反車両が第三者車両と衝突し、第三者車両の乗員が死傷を負った事故で被害者（原告）が富山県（県警）に対して国賠法に基づき、損害賠償請求を起こし、一審（富山地裁）・二審（名古屋高裁）・最高裁と激しく争われたが、初めて最高裁（昭和61年2月27日第一小法廷判決）は、この問題（警察官のパトカーによる追跡を受けて車両で逃走する者が惹起した交通事故により第三者が損害を被った場合において、追跡行為が国家賠償法第1条第1項の適用上違法であるというための要件）について新たな規準を定立し、被上告人（原告）の損害賠償請求を棄却したのであった。この規準は、以後、同種事件裁判のリーディングケースとなり、現在に至っている。最高裁は、いわゆる職務行為基準に立って、次のように説いた。「およそ警察官は、異常な挙動その他周囲の事情から合理的に判断してなんらかの犯罪を犯したと疑うに足りる相当な理由のある者を停止させて質問し、また、現行犯人を現認した場合には速やかにその検挙又は逮捕に当たる職責を負うものであって（警察法2条、65条、警察官職務執行法2条1項）、右職責を遂行する目的のために被疑者を追跡することはもとよりなし得るところであるから、警察官がかかる目的のために交通法規等に違反して車両で逃走する者をパトカーで追跡する職務の執行中に、逃走車両の走行により第三者が損害を被った場合において右追跡行為が違法であるというためには、右追跡が当該職務目的を遂行する上で不必要であるか、又は逃走車両の逃走の態様及び道路交通状況等から予測される被害発生の具体的危険性の有無及び内容に照らし、追跡の開始・継続若しくは追跡の方法が不相当であることを要するものと解すべきである。」

　かくして、今から18年前に最高裁が示したこの判例は、昭和60年代、及び平

成年代に至っても、現実に損害賠償請求事件に係わりこの判例に言及し、あるいは研究者の論文等に紹介されることはあっても、判例そのものは、実務的にあまり意識されることはなかったというのが実情といえよう。

　それは、前記**3**(1)の毎日新聞社説がいうようにパトカーに停止を命じられれば、従うのが通常であったことにもよると思われる。

　しかし、**4**で説明したように追跡活動中の事故増加の背景には刑法犯認知件数の増大、広域的・組織犯罪や不法滞在外国人犯罪の増加、地域社会の犯罪抑止機能の低下、国民の規範意識の低下、公務執行妨害事犯の増加等悪化した治安情勢が関連していることを踏まえると、追跡活動は、今後増加することはあっても、現時点でこれが減少することはないものと思われる。

　そのため、追跡活動の現場にとって、いまや最高裁第一小法廷昭和61年2月27日判決（第2「判例編」№1）の理解はますます不可欠のものとなっている。

　本判例は、他の類似の損害賠償請求事件判決に際して、必ず引用されており、これこそが最良の追跡活動の規準であるといえる。

　この判例は、その背景事情となった事案の概要、一審（富山地裁）・二審（名古屋高裁）の判断、及び被告県〈県警〉側の上告理由等の理解なくしては、その理解を深めることはできないし、更にその後、第2「判例編」で紹介した№2東京地裁昭和61年7月22日判決（東京都〈警視庁〉側の責任否定）、控訴審・東京高裁昭和62年5月27日判決（原告の控訴棄却・確定）、№3前橋地裁昭和63年9月26日判決（群馬県〈県警〉側の責任否定・確定）、№4徳島地裁平成7年4月28日判決（香川県〈県警〉側の責任一部認容、その後最高裁でも責任一部認容）、№5仙台地裁平成7年10月30日判決（宮城県〈県警〉側の責任否定、控訴審・仙台高裁平成8年5月29日判決（原告の控訴棄却・確定））などの裁判例の理解なくしては、一層の応用はできないということがいえよう。

　なお、最新の追跡活動に係る損害賠償請求事件の裁判例として、名古屋地方裁判所平成15年9月30日判決（愛知県〈県警〉側の責任否定・原告控訴）、及び同控訴審たる名古屋高等裁判所平成16年8月4日判決・控訴棄却）がある。

　この事件はパトカーが道路交通法違反の原動機付自転車を追跡中、逃走中の原付車の運転者・同乗者が踏切に進入し、電車に跳ねられた死亡事故であり、

平成15年10月1日付け中日新聞は、「名古屋市東区の名鉄瀬戸線踏切で1999年5月、ミニバイクに2人乗りしていた少年2人が電車にはねられ死亡した事故で、後部座席の少年＝当時（15）＝の母親（48）が、事故は愛知県警のパトカーの過剰な追跡による、として愛知県を相手に約4,800万円の損害賠償を求めた訴訟の判決が30日、名古屋地裁であった。丸地明子裁判官は『バイクは低速の蛇行運転を繰り返すなどしており、パトカーに追いつめられた状態にあったとは言えず、踏切への進入は予測できなかった』として原告の訴えを棄却した。丸地裁判官は『少年らは、パトカーが3回目の追跡を断念したことに気付かず、パトカーから逃れようと警報機が鳴り、遮断機が下りている踏切に進入する異常行動に出たと推認される』とした上で『バイクは道交法違反を犯しており、追跡は職務を遂行する上で必要だった』と指摘した。会見した母親は『相手の主張だけを認めた不当判決。息子に何の落ち度もない』と話した。母親は控訴する方針。」と報じた。

　一審たる名古屋地方裁判所（平成15年9年30日判決）は、まず、本件事故はパトカーが追跡を中止した後に発生しているので、因果関係があるか否かについて次のように判断した。

　パトカーは追跡中、逃走する原動機付自転車（運転者及び同乗者）を再三見失い、3回目の追跡で見失った後、追跡を断念したことについて、逃走する原動機付自転車（運転者及び同乗者）は「本件パトカーが第3次追跡を断念したことに気づかず、追跡が継続していると考え、これから逃げようとして警報機が鳴り、遮断機が下りている本件踏切に進入するという異常な行動に出たものと推認される。したがって、本訴請求との関係では、本件事故は、なお本件パトカーによる追跡行為が継続しているうちに発生したものと認めるのが相当である。」

　そして、本件事故とパトカーの追跡との因果関係を肯定しつつ、後記第2「判例編」No.1の最高裁判例の違法性判断規準を、「ところで、およそ警察官は、異常な挙動その他周囲の事情から合理的に判断してなんらかの犯罪を犯したと疑うに足りる相当な理由のある者を停止させて質問し、また、現行犯人を現認した場合には速やかにその検挙又は逮捕に当たる職責を負うものであって（警

察法2条、警察官職務執行法2条1項)、右職責を遂行する目的のために被疑者を追跡することはもとよりなしうるところであるから、警察官がかかる目的のために交通法規等に違反して車両で逃走する者をパトカーで追跡する職務の執行中に、逃走車両の走行により第三者が損害を被った場合において、この追跡行為が違法であるというためには、追跡行為が当該職務目的を遂行する上で不必要であるか、又は逃走車両の逃走の態様及び道路交通状況等から予測される被害発生の具体的危険性の有無及び内容に照らし、追跡の開始・継続若しくは追跡の方法が不相当であったことを要する。」と引用し、この規準に照らして事案を次のように判断し、原告の請求を棄却した。

◆ 逃走する原動機付自転車（運転者及び同乗者）に対する追跡の必要性があるか否かについて

　運転者等はヘルメット不着用で、かつ運転者は定員外乗車を、その後、逃走に際し蛇行運転をしながら両手を振るなどの仕草に加え、信号無視の道路交通法違反を犯していることから追跡警察官（パトカー）がサイレンを吹鳴、赤色灯を点灯させて追跡した行為について、「道交法違反の現行犯人として検挙する必要があり、加えて本件バイクの車両番号の確認もできていなかったのであるから、警察官として本件バイクの追跡を開始し、これを継続する必要があったというべきで、本件パトカーが行った追跡行為が、上記職務目的を遂行する上で不必要なものとはいえない。」として、追跡の必要性を認めた。

◆ 追跡行為の相当性について

　本件バイクは低速の蛇行運転を繰り返すなどしており、パトカーに追いつめられた状態にあったともいえないこと、一方パトカーは追跡する道路が商店・住宅が立ち並ぶ狭い生活道路で歩行者や自転車の通行も多く、事故直前には対向車とのすれ違いのため対向車に進路を譲っている間、逃走バイクを見失い、追跡を中止しており、パトカーが追跡を中止した付近から逃走バイクが事故に遭遇した踏切までの区間の道路には数本の脇道があっ

たことを踏まえて、「本件バイクが脇道にそれることなく本件踏切に向かい、警報機が鳴り、遮断機が下りている本件踏切にあえて進入することを予測できたとは認めがたく、本件パトカーによる追跡が、その開始・継続若しくは方法において不相当なものであったとはいえず、追跡行為が違法であるとの原告の主張は理由がない。」とした。

その後、本判決を不服とした原告は、名古屋高等裁判所に控訴したが、同裁判所は平成16年8月4日、「原判決は相当であって、控訴人の本件控訴は理由がない」として、控訴を棄却した。

7 最高裁判例を踏まえ、追跡警察官（運転者）及び同乗者の役割、本署幹部・通信指令課（室）が一体となった組織的な連携

追跡活動の主体は、あくまでも違法行為を現認した警察官であり、そこに同乗する同僚（幹部）である。逃走者（車）を追跡するには、当然追跡の理由、逃走方向、逃走車両の速度・特徴、あるいは応援の要否等を所属長（追跡警察官の所属署）、本部通信指令課（室）に速報することとなるが、この場合、重要なことは、報告を受けた本署幹部・通信指令課（室）が一体となった組織的連携が図られることである。

具体的には、追跡活動に当たり考慮すべき事項、つまり

Ⅰ 容疑事実〜罪種、犯罪の軽重・態様、凶器所持の有無等
Ⅱ 逃走態様・特異な動向
　　　〜逃走速度・距離、信号無視など違反を重ねて逃走、対向車線にはみ出し、複数車線上において一般車両の間隙を縫って逃走、前照灯を消して逃走、同乗者がバ

イクのナンバープレートを隠して逃走するなど
- III **道路交通状況**〜交通量、自転車・歩行者等の状況、道路幅員（道路の広狭）、歩車道分離の有無、道路形状（単路、複路、カーブなど）、路面状況（乾燥、湿潤、砂利など未舗装）、交通規制の内容等
- IV **追跡態様**〜違反現認時間、緊急車両としての要件具備、追跡速度、追跡距離・時間、逃走車両との車間距離、マイク等での停止命令・警告の有無、逃走車（者）の人定確認状況、ナンバー確認の有無、無線手配の有無、追跡中止とその理由等
- V **その他の状況**〜幹線道路、地方道、農山漁村道、商店街、住宅街、通学路、昼夜間（夜間の場合、照明の状況）、天候等

を踏まえて、組織的にも犯人捕捉や安全走行のための指示（例えば、「逃走車両の色、型、ナンバー、特徴、乗車人員、特徴等を確認、逃走方向や速度を速報せよ。」、「逃走車に気を奪われることなく、交差点では必ず安全を確認して走行せよ。」、「対向車にも十分注意せよ。」など）がなされるのが一般であるが、これらを通じて追跡活動に当たる警察官と、その所属する本署幹部・本部通信指令課（室）に、追跡状況について逐次情報が共有されなければならないということである。

なお、追跡中に自ら（警察官）が運転を誤って工作物等に衝突し、負傷するなどが報道される例が見られるが、特に同乗者（幹部）及び本署幹部は、運転者に追跡活動に即応できる運転技術があるか否かを見極め、それがなければ追跡中断するほかはないのであるから、日ごろから運転技術を高めるよう、教養訓練等をおろそかにしてはならないといえる。

8 幹部による平素の教養

　幹部は平素から部下職員に対して、機会あるごとに追跡活動に係る指導教養をきめ細かく行い、追跡を必要と認めたときは、自信をもって遂行できるように、追跡活動に係る知識・技能（運転訓練等も含めて）を高めるように配意する必要がある。

(1) 裁判例を押さえる

　第2「判例編」で紹介するNo.1最高裁第一小法廷昭和61年2月27日判決及びこれ以後のNo.2東京地裁昭和61年7月22日判決（東京都〈警視庁〉側の責任否定）、控訴審・東京高裁昭和62年5月27日判決（原告の控訴棄却・確定）、No.3前橋地裁昭和63年9月26日判決（群馬県〈県警〉側の責任否定・確定）、No.4徳島地裁平成7年4月28日判決（香川県〈県警〉側の責任一部認容、その後最高裁も責任一部認容）No.5仙台地裁平成7年10月30日判決（宮城県〈県警〉側の責任否定、控訴審・仙台高裁平成8年5月29日判決（原告の控訴棄却・確定）などの裁判例について具体的事例をもとに追跡活動の理解を深めさせることが必要である。

　特に、最高裁判例で示された違法性判断規準については、まずは諳（そら）んじられるまでになることがのぞましい。

　　　「およそ警察官は、異常な挙動その他周囲の事情から合理的に判断してなんらかの犯罪を犯したと疑うに足りる相当な理由のある者を停止させて質問し、また、現行犯人を現認した場合には速やかにその検挙又は逮捕に当たる職責を負うものであって（警察法2条、65条、警察官職務執行法2条1項）、右職責を遂行する目的のために被疑者を追跡することはもとよりなしうるところであるから、警察官がかかる目的のために交通法規等に違反して車両で逃走する者をパトカーで追跡する職務の執行中に、逃走車両の走行により第三者が損害を被った場合において、右

追跡行為が違法であるというためには、右追跡が当該職務目的を遂行する上で不必要であるか、又は逃走車両の逃走の態様及び道路交通状況等から予測される被害発生の具体的危険性の有無及び内容に照らし、追跡の開始・継続若しくは追跡の方法が不相当であることを要するものと解すべきである。」

(2) 教養のポイント（追跡活動に当たり考慮すべき事項）

　教養のポイントについては、追跡活動に当たり判例の掲げる規準である、①追跡が現行犯逮捕、職務質問等の職務の目的を遂行する上で必要性があるか、又は②逃走車両の逃走の態様及び道路交通状況等から予測される被害発生の具体的危険性の有無・内容に照らして追跡の開始・継続若しくは追跡の方法に相当性があるかを考慮すべきこととなるが、判例の掲げる規準を踏まえた具体的考慮事項は、20頁にも掲げた、Ⅰ容疑事実、Ⅱ逃走態様・特異な動向、Ⅲ道路交通状況、Ⅳ追跡態様、Ⅴその他の状況などである。

ア　追跡の必要性について考慮すべき事項

　追跡行為に着手する契機となるのは、客観的に認識できる速度違反、酒酔い運転、信号無視、整備不良車両、一時停止違反等の道路交通法違反の現認、盗難車走行の現認等がある。

　これら車両を現認した場合、サイレンを吹鳴し、赤色灯を点灯させ緊急自動車としての要件を具備させた上で追跡を開始し、停止を求めることとなるが、通常は警察官の停止に従い、検挙措置により終結する。

　しかし、停止命令に応ぜず、追跡を振り切ろうとして、逃走を強行する挙に出て、更なる信号無視、一時停止違反等を重ねることが多く、その場合当然、警察官としてはこれを検挙するため、あるいは他の何らかの犯罪を犯しているのではないかとの疑いを抱き、停止させるため追跡を続行することとなるが、更に前記「追跡活動に当たり考慮すべき事項」Ⅱに掲げた逃走態様・特異な動向（逃走速度、対向車線にはみ出し走行、複数車線上において一般車両の間隔を縫って逃走、前照灯を消して逃走、同乗者がバイクのナンバー

プレートを隠して逃走するなど）が加味されて、一層「追跡の必要性」が高まると認められる。

追跡の必要性については、第2「判例編」で最高裁判決、及びそれ以後の裁判でもそのような要素を加味して判断しているので、ここではそのキーポイントを紹介する。

No.1　最高裁第一小法廷昭和61年2月27日判決

◆ 事案の概要 ◆

① T警察署地域課（当時は外勤課）自動車警ら係S巡査、E巡査及びO巡査は、昭和50年5月29日午後10時50分ころ、警ら用無線自動車（以下「本件パトカー」という。）に乗車して富山市緑町1丁目方面から同市住吉町1丁目1番方面に向かい北進して機動警ら中、T警察署S交番前の交差点付近にさしかかった際、国道8号線（現国道41号線）を高岡市方面から魚津市方面に向け走行中のX運転の普通乗用自動車（以下「逃走車両」という。）が速度違反車であることを現認したので、直ちに約380メートルの間追尾してその時速が同所の指定最高速度時速40キロメートルを超える78キロメートルであることを確認した。

② そこで、本件パトカーは、逃走車両を停止させるため赤色灯を点灯しサイレンを吹鳴して同車の追跡を開始した。

③ 逃走車両は、時速約100キロメートルに加速して逃走し、同市荒川西部100番地付近で停車したので、本件パトカーも同車の前方約20メートルの地点に斜めに同車の進路を塞ぐように停止したが、その間に同車の車両番号を確認した。

④ E巡査及びO巡査が本件パトカーから下車し、事情聴取のため同車両に歩み寄ったところ、同車は突如、Uターンして高岡市方面に向け時速約100キロメートルで西進し逃走を開始した。そこで、両巡査の乗車を待って、S巡査は直ちに本件パトカーの赤色灯をつけサイレンを吹鳴して再び追跡を開始

し、同時にT県警察本部通信指令室を介して県内各署に逃走車両の車両番号、車種、車色、逃走方向等の無線手配を行った。
⑤　そして、本件パトカーは、逃走車両との車間距離約20メートルないし50メートル、時速約100キロメートルで追跡を続行したが、途中Uターン地点から約950メートル西進したT交通株式会社前付近で「交通機動隊が検問開始」との無線交信を傍受した。
⑥　Uターン地点から同市東町交差点までの国道8号線は、東西に延びる延長約2キロメートルの4車線であるところ、逃走車両は、右区間は時速100キロメートルで逃走を続けたが、その間途中トラック1台を反対車線にはみ出して追い越し、当時同区間に設置されていた田中町、双代町、館出町の各交差点の信号機のうち、少なくとも一か所は赤信号を無視して走行した。
⑦　逃走車両は、東町交差点にさしかかるや、同所の左折車線及び直進車線には先行車が信号待ちのため停車していたのに、減速しつつ右折車線から大回りで、赤信号を無視して左折逃走したので、本件パトカーも同様の方法で左折し追跡を継続した。
⑧　左折後、本件事故現場に至る道路は、東町交差点からほぼ南北に延びる約1.7キロメートルの通称しののめ通りという市道であって、雄山町交差点までは4車線、その後は2車線で歩道を含む道路の幅員が約12メートルであり、最高速度は時速40キロメートルに指定され、道路両側には商店や民家が立ち並び、また、交差する道路も多いという状況であった。
⑨　逃走車両を運転するXは、東町交差点を左折後、時速約90キロメートルに加速して逃走したが、音羽町交差点付近で自車後方視界にパトカーが入らなくなったので、同車を振り切ったものと考えていったん時速を70キロメートルに減速した。
⑩　本件パトカーは、東町交差点の左折の辺りでは加害車両との距離が開いたが、左折後時速約80キロメートルに加速して追跡を続行したため、逃走車両との車間距離を縮め、また、S巡査は、左折直後、逃走車両の逃走方向を無線で手配した。
⑪　ところが、Xは、⑨で減速後、しばらくして後方にパトカーの赤色灯を認

め、追跡が続行されていることに気付き、再び時速約100キロメートルに加速して進行し、清水旭町交差点の黄色点滅信号、雄山町及び大泉東町1丁目の各交差点の赤色点滅信号を無視して進行したが、本件パトカーは、雄山町交差点からは道路が片道1車線になっている上、前方の大泉東町1丁目交差点から道路が右にカーブしていて逃走車両が見えなくなったため、赤色灯は点灯したまま、サイレンの吹鳴を中止し、減速して進行した。

⑫ Xは、赤信号を無視して富山市大泉東町2丁目18番1号地先交差点に同車両を進入させたため、同日午後10時57分ころ、同交差点内において、同交差点を同市小泉町方面から同市山室方面に向かって青信号に従い進行中のY運転の普通乗用車に同車両を衝突させ、そのため、Y運転の自動車が折りから同交差点を山室方面から小泉町方面に向かい青信号に従って進行してきた甲運転、乙及び丙同乗の普通乗用自動車に激突して、甲に骨盤骨折等の、乙に顔面挫傷等の、丙に大腿骨骨折等の各傷害を負わせたのであった。

(詳細は第2「判例編」61ページ参照)

◆ 追跡の必要性の判断 ◆

○ Xは、速度違反行為を犯したのみならず、警察官の指示によりいったん停止しながら、突如として高速度で逃走を企てたものであって、いわゆる挙動不審者として速度違反行為のほかに他のなんらかの犯罪に関係があるものと判断し得る状況にあった。

○ 本件パトカーに乗務する警察官は、Xを現行犯人として検挙ないし逮捕するほか挙動不審者に対する職務質問をする必要もあったということができる。

○ 警察官は逃走車両の車両番号は確認した上、県内各署に加害車両の車両番号、特徴、逃走方向等の無線手配を行い、追跡途中で「交通機動隊が検問開始」との無線交信を傍受したが、同車両の運転者の氏名等は確認できておらず、無線手配や検問があっても、逃走する車両に対しては究極的には追跡が必要になることを否定できない。

No.2　東京地裁昭和61年7月22日判決（東京都〈警視庁〉側の責任否定）、（東京高裁昭和62年5月27日判決・控訴棄却（東京都〈警視庁〉側の責任否定・確定））

◆ **事案の概要** ◆

　白バイ乗務のG巡査部長、H巡査は、交差点に停車した2人乗りの自動二輪車（M運転）がともにヘルメットを着用していなかったため、着用の注意指導を与えるため近づいたところ、交差点信号が赤色にもかかわらず、突然発進し、逃走を始めたため、これを道路交通法違反で検挙するため、サイレンを吹鳴して追跡を始めた。M運転の自動二輪車（逃走車両）は、時速約80キロメートルもの速度で周囲の交通情況を無視し、走行車両脇を無謀にすり抜けるなどして暴走していったため、G巡査部長らは、約140メートルほど追跡したが、高速逃走する車両とは150メートルないし160メートルの差がついたため追跡を断念し、まもなく、前方道路は右にゆるくカーブしていてM運転の自動二輪車（逃走車両）の姿が視認できなくなったため、赤色灯の点灯を中止し、そのまま進行したところで本件事故（逃走車両と自転車の衝突事故）の発生を確認した。

　他方、逃走するM運転の自動二輪車は、白バイの追跡を逃れるため、前方左側に駐車中のワゴン車を避けようとして対向車線にはみ出して逃走中、対向車線を自車と反対に進行してくる自転車と衝突し、自転車乗用者を死亡させたのであった。　　　　　　　　（詳細は第2「判例編」82ページ参照）

◆ **追跡の必要性の判断** ◆

○　Mは、ヘルメット着用義務に違反していた上、警察官の接近に気付くやいなや突然赤色信号を無視して高速度で逃走するなど、単に道交法違反者というにとどまらず、挙動不審者として他の何らかの犯罪に関係があるものとの疑いをかけられてしかるべき行動をとった。

○　警察官（白バイ）においてMを道交法違反の現行犯人として検挙するほ

か挙動不審者としてこれに対する職務質問をする必要があった。
○ 警察官は、加害（逃走）車両の車両番号の確認もできていなかったのであるから、加害（逃走）車両の追跡を開始し、これを継続する必要があった。

> No.3　前橋地裁昭和63年9月26日判決（群馬県〈県警〉側の責任否定・確定）

◆ 事案の概要 ◆

　パトカー乗務の警察官Ｉらは、2人乗りの自動二輪車（Ｔ運転）のヘルメット不着用、ナンバープレート隠ぺい等の道交法違反等の事実を現認したので、サイレンを吹鳴、マイクで停止を求めたが逃走、約300メートルないし400メートル追跡したが、検挙できず追跡を中止、その後、逃走するＴの運転する2人乗りの自動二輪車は対向する車両と衝突、2名とも死亡した。

（詳細は第2「判例編」94ページ参照）

◆ 追跡の必要性の判断 ◆

○ Ｔ（自動二輪車運転者）は信号無視をしたのみならず、同乗のＵはカバンでナンバープレートを隠すような動作をしており、両名は本件パトカーの停止の命令にも従わず高速度で逃走しだしており、いわゆる挙動不審者と認められ、赤信号無視の違反行為のほか、他に何らかの犯罪に関係があるとの疑いをかけられても不自然でない状況にあった。
○ 本件パトカーに乗務する警察官は、Ｔらを現行犯人として検挙ないし逮捕するほか、挙動不審者として職務質問する必要があったものというべきで、その追跡を開始し、これを継続する必要性が存在した。
○ Ｕ（同乗者）はナンバープレートを隠すようにしており、警察官は車両番号の確認ができず、車両の正確な特定が不可能であったもので、この時点で無線手配をせず、まず本件のごとく追跡を開始し、継続したとしても、これをもって、直ちに不相当な追跡行為とは認められない。

No.4　徳島地裁平成7年4月28日判決（香川県〈県警〉側の責任一部認容、最高裁も県側の責任一部認容）

◆ 事案の概要 ◆

　暴走行為に自動二輪車で参加した高校生が、パトカーの追跡を受け、パトカーの幅寄せ行為により、道路標識に激突し、運転者が死亡し、同乗者が重傷を負ったものである。　　　　　（詳細は第2「判例編」105ページ参照）

◆ 追跡の必要性の判断 ◆

　Iらの運転する自動二輪車が集団を組んで、徳島県から400cc前後の自動二輪車を2人ないし3人乗りで約10台に分乗し、深夜爆音を高くして香川県に入り、志度町手前の天野峠で発煙筒を焚いてからは、並進あるいはジグザグ運転を繰り返して一般通行車両の通行を妨害し、信号を無視し、高松市内に進入してきたというものであり、このようなIらの行為は、道路交通法の速度違反、信号無視、共同危険行為等に該当するものであるから、本件パトカーに乗務する警察官は、Iらを現行犯人として検挙ないし逮捕する必要があったのであり、右警察官らが本件事故車等を追跡する必要があることは明らかであって、右追跡行為は、当該職務目的を遂行する上で不必要なものとはいえない。

No.5　仙台地裁平成7年10月30日判決（宮城県〈県警〉側の責任否定）、（仙台高裁平成8年5月29日判決（原告の控訴棄却・確定））

◆ 事案の概要 ◆

　宮城県警交通機動隊のS及びTの両巡査は、深夜国道4号バイパスをパトカーで流動取締り中、速度違反車のK運転の普通乗用車を現認し、法定制限速度を24キロメートル毎時超過する84キロメートルであることを確認したので、停止を命じたが、無免許運転の発覚をおそれ、国道から県道に逃走、赤

色信号を無視しながら、市道に進入し、加速暴走したため、逃走車両との車間距離は離れていった上、Y字路交差点を右折した先の道路は歩車道の間に街路樹があって歩道上に対する見通しが悪く、また、深夜営業の飲食店などがあって人通りが見られることから、S巡査らは、これ以上の追跡は不適当と判断して、逃走車両の車両番号を確認し終えたガソリンスタンド前付近でパトカーの速度を落とし、赤色灯を消してサイレンの吹鳴も止めて追跡を中止した。

　他方、逃走するKは、Y字路交差点を右折後、パトカーが自己車両を追い越して停止させるのを阻むため、第1車線と第2車線にまたがって走行して、本件事故現場の交差点方向に向かい、パトカーの追跡を振り切ろうとして交差点を直進通過中、同交差点内で右折の合図をしている自動二輪車を発見したが、何らの減速、回避措置をとらなかったため、これに衝突させ、自動二輪車を運転していた被害者に重傷を負わせたものである。

　パトカーは追跡中止後、逃走車両の走行方向に通常走行したところ、前方400メートルないし500メートルに火花様の閃光を認めたため、進行するに事故現場で停止していた車両が逃走していた加害車両であることが確認された。

　なお、パトカーが追跡走行を開始した地点から事故現場までは、距離にして約2キロメートルであり、時間もわずか3分程にとどまっていた。

（詳細は第2「判例編」119ページ参照）

◆ 追跡の必要性の判断 ◆

○　Kは速度違反行為を犯したのみならず、パトカーにより停止を促されるや、その停止命令に従わずに指定場所一時不停止違反、赤色信号無視違反を犯して逃走したものであって、単に道路交通法違反者というにとどまらず、挙動不審者として他の何らかの犯罪に関係があるものとの疑いをかけてしかるべき状況にあった。

○　パトカーに乗務する警察官としては、Kを同法違反の現行犯として検挙し、逮捕するほか挙動不審者として職務質問する必要があった。

○　また、逃走車両に乗車する者のおおよその風貌及び車両番号は確認でき

たが、同車両の運転者の氏名等は確認できていない上、逃走車両の車両番号、特徴、逃走方向等について、県内各署に無線手配する手続も済んでいなかったのであるから、逃走車両の追跡を継続する必要があった。

いずれも◆ 追跡の必要性の判断 ◆のとおり同様な判示をしていることを踏まえると、警察責務に照らし、当然追跡の必要性は、肯定されるといえる。

イ 追跡の相当性について考慮すべき事項

追跡活動の現場で、慎重な判断を要するのは、追跡の相当性をいかに確保するかである。追跡の相当性を判断する上で、Ⅲ（21ページ参照。Ⅳ、Ⅴも同じく。）に掲げたような道路交通状況（交通量、自転車・歩行者等の状況、道路幅員（道路の広狭）、歩車道分離の有無、道路形状（単路、複数、カーブなど）、路面状況（乾燥、湿潤、砂利など未舗装）、交通規制の内容等）、Ⅳに掲げたような追跡態様（違反現認時間、緊急車両としての要件具備、追跡速度、追跡距離・時間、逃走車両との車間距離、マイク等での停止命令・警告の有無、逃走車（者）の人定確認状況、ナンバー確認の有無、無線手配の有無、追跡中止とその理由等）、Ⅴに掲げたようなその他の状況（幹線道路、地方道、農山漁村道、商店街、住宅街、通学路、昼夜間（夜間の場合、照明の状況）、天候等）を総合的に考慮することとなる。

なお、更に付言すれば、追跡活動に移行する際には、通信指令課（室）及び本署に報告し、相互の連携を図りつつ、逃走車両の速度を考慮した上で十分な車間距離を確保し、併せて車載マイクを活用して停止命令を発し、必要により同マイクで通行する第三者に対して緊急自動車が通行中であることの注意喚起を図り、道路状況を考慮して速度を落とすべき場面では十分減速措置を講じる、いわばメリハリをつけた緊急走行に配慮する必要があるということである。

特に、相当性を欠いた違法な行為としては、No.4で紹介した徳島地裁平成7年4月28日判決があり、判示によれば自動二輪車の運転者には速度違反、信号無視、共同危険行為等道路交通法違反の行為があり、追跡自体には何らの違法もないが、多数の道路標識が設置され、車道部分と歩道部分との間に

は縁石が設置されているなかで、時速80キロメートルないし90キロメートルで走行する自動二輪車に対し道路左脇に向けて行ったパトカーの「幅寄せ行為」は、道路標識等への衝突、転倒等、自動二輪車の運転者等に死亡若しくは重大な傷害を負わせる具体的な危険があるというべきで、相当性を欠き許されないとしているとおり、まさに、かかる行為は相当性が認められないというべきである。

　ほかに、相当性を欠く行為としてあげるとすれば、前記№ 4 の徳島地裁判決の指摘した「幅寄せ行為」以外に、逃走車両に対して必要な車間距離を確保せず、「逃走車両が停止すれば追突するおそれのある高速度で、かつ、至近距離での追跡」などが考えられる。

　このような車間距離をとらない高速度かつ至近距離での追跡では、逃走車両が第三者（車両）と衝突事故を起こした場合、停止に応ずれば、パトカーに追突されるおそれがあったから赤信号で進行せざるを得なかった、現にパトカーもその後事故を起こしたのではないかなどの抗弁を許すこととなろう。

　追跡の相当性については、第 2 「判例編」で最高裁判決、及びそれ以後の裁判例でもそのような要素を加味して判断しているので、ここではそのキーポイントを紹介する。

№1　最高裁第一小法廷昭和61年 2 月27日判決

◆ 事案の概要 ◆

　前掲24ページ、更に詳細は第 2 「判例編」61ページのとおり

◆ 追跡の相当性の判断 ◆

○　本件パトカーが加害車両を追跡していた道路は、その両側に商店や民家が立ち並んでいる上、交差する道路も多いものの、その他に格別危険な道路交通状況にはない。

○　東山交差点から雄山町交差点までは4車線、その後は2車線で歩道を含めた道路の幅員が約12メートル程度の市道であり、事故発生の時刻が午後11時ころであったというのであるから、逃走車両の運転の態様等に照らしても、本件パトカー乗務員において当時追跡による第三者の被害発生の蓋然性のある具体的な危険性を予測し得たものということはできない。

○　本件パトカーの追跡方法自体にも特に危険を伴うものはなかったということができる。

から、追跡行為が違法であるとすることはできないものというべきである。

No.2　東京地裁昭和61年7月22日判決（東京都〈警視庁〉側の責任否定）（東京高裁昭和62年5月27日判決・控訴棄却（東京都〈警視庁〉側の責任否定・確定））

◆　事案の概要　◆

　　前掲27ページ、更に詳細は第2「判例編」82ページのとおり

◆　追跡の相当性の判断　◆

○　本件白バイが加害車両を追跡した本件道路は、その両側に会社や商店等が立ち並んでいる上、交差する道路もあるが、格別危険な道路交通状況にはない。

○　本件事故現場手前約40メートルの地点までは直線で見通しもよく、進路右側には幅員2メートルないし4メートルの歩道があり、車道の幅員は6.6メートルであって、当時の交通量もさほどのものではなく、晴天であった。

○　本件白バイの追跡行為により、直接、又は被追跡者の暴走等により間接に第三者に対する被害発生の蓋然性のある具体的危険性を予測し得たものとは認め難い。

○　本件白バイは、追跡開始当初1回のみサイレンを吹鳴しただけでその後は吹鳴せず、マイクも使用していないが、追跡行為継続中常にサイレンを

吹鳴しなければならないものではないし、サイレンの吹鳴、マイクの使用をしていなかったことをもって直ちに不相当な追跡行為とまではいえない。

よって、本件白バイによる追跡行為は、その開始・継続若しくは追跡の方法のいずれにも不相当な点はなく、違法であるとは認められない。

No.3 　前橋地裁昭和63年9月26日判決（群馬県〈県警〉側の責任否定・確定）

◆ 事案の概要 ◆

前掲28ページ、更に詳細は第2「判例編」94ページのとおり

◆ 追跡の相当性の判断 ◆

○　本件パトカーがT車（自動二輪車）を追跡した道路状況は、すべて見通しのよい直線道路ではなく、前方で緩やかにカーブしている上建物の陰などで見通しが悪く、かつ、道路幅も狭くなっていたが、交通量は少なく、むしろ追跡中は他の車両は走行していなかったから、追跡によって被害が発生するとの具体的危険性は予測できない。

○　本件パトカーは当初、マイクで停止を命じていること及び追跡した距離が約300メートルないし400メートルであったことなどに照らすと、右追跡行為が不相当であったとは認められず、その他右行為を違法とすべき特段の事情は認められない。

よって、警察官の本件パトカーによるT車の追跡行為は、その開始・継続・中止に至るまでなんら違法な点はなく、その方法においても不相当であったとは認められない。

No.4 　徳島地裁平成7年4月28日判決（香川県〈県警〉側の責任一部認容、最高裁も県側の責任一部認容）

◆ 事案の概要 ◆

前掲29ページ、更に詳細は第2「判例編」105ページのとおり

◆ 追跡の相当性の判断 ◆

○　Ｉらの運転する自動二輪車が集団を組んで、徳島県から400cc前後の自動二輪車を2人ないし3人乗りで約10台に分乗し、深夜爆音を高くして香川県に入り、志度町手前の天野峠で発煙筒を焚いてからは、並進あるいはジグザグ運転を繰り返して一般通行車両の通行を妨害し、信号を無視し、高松市内に進入してきたというものであり、このようなＩらの行為は、道路交通法の速度違反、信号無視、共同危険行為等に該当するものであるから、本件パトカーに乗務する警察官は、Ｉらを現行犯人として検挙ないし逮捕する必要があったのであり、右警察官らが本件事故車等を追跡する必要があることは明らかであって、右追跡行為は、当該職務目的を遂行する上で不必要なものとはいえず、また、その開始・継続若しくは追跡の方法が不相当なものであるともいえないから、本件パトカーが本件事故車を追尾する行為自体にはなんらの違法もないというべきである。

○　しかし、本件における三度にも及ぶ幅寄せ行為については、これが追跡の方法として相当かどうか別個の検討が必要であって、本件事故現場は見通しの良い直線道路で車両の通行は少ないとはいえ、旧国道脇の歩道右端部分には車道に接するように多数の道路標識が設置され、また車道部分と歩道部分との間には高さ20センチメートルの縁石が設置されていたのであるから、このような車道部分を時速80キロメートルないし90キロメートルで走行する自動二輪車に対し道路左脇に向けて幅寄せを行うことは、当該自動二輪車をして、道路標識や縁石と衝突あるいは接触・転倒させ、ひいてはその運転者と同乗者に死亡若しくは重大な傷害を負わせる具体的な危険があるものというべきであって、Ｔ（パトカー運転者）らの右行為は相当性を欠き、違法なものというべきである。

| No.5 | 仙台地裁平成7年10月30日判決（宮城県〈県警〉側の責任否定）（仙台高裁平成8年5月29日判決・控訴棄却（宮城県〈県警〉側の責任否定・確定） |

◆ 事案の概要 ◆

前掲29ページ、更に詳細は第2「判例編」119ページのとおり

◆ 追跡の相当性の判断 ◆

○ 本件パトカーが追従走行を開始した地点から、本件事故による火花様の閃光を認めた地点までは距離にして約2キロメートルにとどまり、時間もわずか3分程度にすぎない。

○ 本件パトカーが追跡していた道路は、いずれもその両側に会社や商店が建ち並んでいるものの、県道（荒浜・原町線）は歩・車道が区分された片側3車線で中央分離帯もある広い道路であり、市道（東仙台・南小泉線）は歩・車道が区分された片側2車線の道路であり、ほぼ直線で見通しもよく、Y字路交差点から（事故現場）交差点の手前までの道路は街路樹があって歩道の視認性が悪く、交差する道路もあるものの、車道の幅員は6.6メートルでほぼ直線であり、当時の天候は晴天であって交通量も非常に少なかった。

○ 本件追跡により第三者の被害発生の蓋然性のある具体的危険性を予測し得たものとは認めがたい。

○ 本件パトカーは赤色灯をつけ、サイレンを吹鳴しながら適当な車間距離を保って追跡走行したものである。

○ 道路状況等からこれ以上の追跡は危険だと判断するや直ちに追跡を中止しており、特に危険な深追いをした等の事情も認められず、その追跡方法自体にも特に危険を伴うものはなかったということができる。

よって、本件パトカーによる追跡方法は、不相当な追跡方法であったとはいえない。

ウ　追跡に際しての組織的対応

　7で説明したとおり、追跡開始に際しては、最高裁判例を踏まえ、追跡警察官（運転者）及び同乗者の役割、本署幹部・通信指令課（室）が一体となった連携が必要であることから、追跡の理由・逃走方向・逃走車両の速度・特徴、応援要否等を通信指令課（室）長及び本署に速報し、それにより幹部による適切な指揮を受け、情報を共有しながら、組織的に対応することが肝要である。

エ　事故発生時の救護措置

　　追跡に際して事故が発生した場合は、救急車の手配等必要な救護措置を講じなければならないことはいうまでもない。

　　損害賠償請求事件では追跡の違法性（特に追跡の必要性、相当性）が争われるのが一般であるが、以下のように、ほかに関係者に対する救護措置を直ちに行わなかったとして争う例もある。

・　不法操業船が海上保安庁の巡視艇に追跡されて転覆し、同船の船員丙が死亡した事故（第2「判例編」№6）につき、丙の遺族ら（丙の妻・長男）が、事故は巡視艇の違法な追跡行為や救助義務違反行為によるものであるとして、国に対して損害賠償を求めた裁判にもみられたが、名古屋地裁（平成13年11月9日判決・確定）は原告の請求を棄却している。

・　盛岡市内で発生した逃走車に追突された第三者（車両）が焼死した事故で、遺族がパトカーによる追跡の違法性を争っている損害賠償請求事件について、asahi.com（平成15年7月10日付け）は、「盛岡市内の交差点で94年、パトカーに追われた車に追突され、炎上した車内で焼死した男女2人の遺族が、県を相手に約1億3,500万円の損害賠償を求めている訴訟で、盛岡地裁（高橋譲裁判長）は10日未明、現場検証した。事故は94年3月31日未明、盛岡市上堂1丁目の交差点で起きた。市内の会社員Nさんと婚約者のYさん（いずれも当時22）が乗った信号待ちする乗用車にパトカーの追跡を振り切って逃げようとする無免許の18歳の少年の乗用車が追突。Nさんら2人は炎上した

車内で焼死した。遺族側は『パトカーの無謀な追跡が原因。事故後も少年の保護を先にして救出作業をしなかった。』と主張。県警側は『追跡は法に基づいた職務』で、事故直後『追突された車の中に人の姿は見えなかった。』などと反論していた。検証は当時の状況を再現し、10日午前2時から約2時間行われた。」と報じ、救助義務違反行為も併せて争っていることがうかがわれる。

その後、平成19年2月、仙台高裁が救助可能だったかの立証が不十分だとして原告の損害賠償請求を退けたのを不服として、原告が上告していたところ、最高裁第一小法廷は平成20年5月29日までに、原告の上告を棄却する決定をしている（平成20年5月30日付け毎日新聞（岩手））。

9 事案発生時の措置

(1) 基本的な考え方

パトカー等が逃走車両を追跡中、逃走車両が第三者と起こした衝突事故、あるいは逃走車両自らが起こした事故については、逃走車両の運転者に対する自動車運転過失致死傷罪（刑法211条2項）、道路交通法違反、あるいは「赤色信号又はこれに相当する信号を殊更に無視し、かつ、重大な交通の危険を生じさせる速度で自動車を運転し、よって人を死傷させた」という危険運転致死傷罪（刑法208条の2、2項後段）等で捜査を遂げることはいうまでもないが、重要なことはパトカー等の追跡行為に対する訟務事案をも念頭に追跡の開始、継続若しくは追跡の方法、あるいは追跡の中止を含めた一連の追跡行為について「ゆるぎなき事実関係」をしっかり把握するということである。

その際、別表（58ページ）の「現場臨場用メモ」を活用しつつ、次の事項を特に留意すべきことになる。

○ 追跡警察官からの報告と併せて幹部による聴取

追跡の開始・継続若しくは追跡の方法、あるいは追跡の中止を含めた一連の追跡行為について、追跡に当たった警察官から報告を求めるとともに、幹部による聴取を速やかに行うこと。

○ 実況見分の実施

追跡の開始・継続若しくは追跡の方法、あるいは追跡の中止を含めた一連の追跡行為について、必要により本部交通指導(交通捜査)課員等の派遣を求めて、逃走車両及び追跡パトカー等の逃走(追跡)経路、相互の速度と位置関係、逃走車両が逃走中に犯した数々の違反行為の特定、当時の交通状況等を含めた実況見分を必ず実施すること。

なお、10の報道対応上の問題⑪で紹介した事故につき、報道によれば、埼玉県警は逃走中、赤色信号無視で事故を起こした男を危険運転致死傷罪等で捜査し、さいたま地方検察庁は、危険運転致死傷罪並びに道路交通法違反(無免許、酒気帯び、救護義務違反等)で起訴し、さいたま地裁は平成16年4月9日、「無謀極まりない運転で、結果は極めて重大」として懲役10年を宣告した(同月10日付け東京、朝日新聞)。

参考に、逃走車両の起こした事故につき、当該運転者に係る道路交通法違反(無免許、酒気帯び、救護義務違反等)、殊更赤色信号無視による危険運転致死傷罪の犯罪事実を掲げることとする。

被疑者は、

第1 公安委員会の運転免許を受けないで、かつ、酒気を帯び、呼気1リットルにつき0.15ミリグラム以上のアルコールを身体に保有する状態で、平成○年11月1日午前2時20分ころ、○○県○○市○○町1丁目2番3号付近道路において、普通乗用自動車を運転した

第2 前記第1記載の日時ころ、前記第1記載の車両を運転し、前記第1記載の場所先の信号機により交通整理の行われている交差点を○○方面から○○方面に向かい時速約80キロメートルないし90キロメートルで直進するに当たり、同交差点の対面信号機が赤色の灯火信号を表示しているのを同交差点の停止線の手前約102.4メートルの地

点で認め、直ちに制動措置を講じれば同停止線の手前で停止することができたにもかかわらず、警ら用無線自動車から逃れようとして、これを殊更に無視し、重大な交通の危険を生じさせる速度である前記速度で自車を運転して同交差点内に進入したことにより、折から左方道路から信号表示に従って同交差点内に進入してきた☆☆☆☆（当時38歳）運転の普通乗用自動車右側部に自車前部を衝突させ、その衝撃により、前記☆☆☆☆運転車両を同所先路外に設置された電柱に衝突させ、同車の同乗者◇◇◇◇（当時14歳）を車外に放出・転倒させ、よって、同人に脳挫傷等の傷害を負わせ、同日午前4時35分ころ、同県○○市○○町5丁目6番7号△△△総合病院において、同人を前記傷害により死亡させたほか、前記☆☆☆☆に加療約3か月間を要する肋骨骨折、骨盤骨折等の傷害を負わせた

第3　前記第2記載の日時場所において、◇◇◇◇ほか1名に傷害を負わせる交通事故を起こしたのに、直ちに車両の運転を停止して、同人らを救護する等必要な措置を講ぜず、かつ、その事故発生の日時及び場所等法律の定める事項を、直ちに最寄りの警察署の警察官に報告しなかった

ものである。

※　参考・罪名及び罰条
　　　第1　　道路交通法違反
　　　　　　　　　　同法第117条の4第2号、第64条、
　　　　　　　　　　　第117条の2の2第1号、第65条第1項、
　　　　　　　　　　同法施行令第44条の3
　　　第2　　危険運転致死傷罪
　　　　　　　　　　刑法第208条の2第2項後段
　　　第3　　道路交通法違反
　　　　　　　　　　同法第117条第2項、第119条第1項第10号、
　　　　　　　　　　第72条第1項前・後段

(2) 因果関係の存否の問題（追跡を中止した後に、逃走車両が起こした事故）

逃走車両との距離が離れ道路状況等から危険と認めて、あるいは逃走車両を見失ったことにより追跡の継続を中止した後に逃走車両が事故を起こした場合、追跡行為とその後の逃走車両の事故との関係で因果関係の存否の問題がある。

この問題は、追跡を中止後、逃走車両が起こした事故であるから、因果関係はないと必ずしも即断できないので、留意しなければならない。

そこで、因果関係の存否について、第2「判例編」での最高裁判決、及びそれ以後の一連の裁判例をみてみよう。

No.1　最高裁第一小法廷昭和61年2月27日判決

◆ 事案の概要 ◆

前掲24ページ、更に詳細は第2「判例編」61ページのとおり

◆ 因果関係の判断 ◆

富山県〈県警〉側は上告理由の中で、第3点・国家賠償法第1条第1項規定の因果関係に関する解釈適用の誤り等について、その上告理由（パトカーの追跡中止時におけるX車の位置及び事故発生時のパトカーの位置等について判断遺脱等）の中で、検証結果を踏まえるなどして、本件事故との関係で因果関係はないと主張したが、これについては、最高裁は明確な判断を示さなかった。

No.2　東京地裁昭和61年7月22日判決（東京都〈警視庁〉側の責任否定）（東京高裁昭和62年5月27日判決、控訴棄却・確定）

◆ 事案の概要 ◆

前掲27ページ、更に詳細は第2「判例編」82ページのとおり

◆ 因果関係の判断 ◆

・東京都〈警視庁〉側の因果関係不存在の主張

　G巡査部長らは、追跡開始から約140メートルほど加害車両を追ったが、Mが時速80キロメートルないし90キロメートルもの高速度で逃走したこと、他方巡査部長らは、他の通行車両への安全を配慮しつつ走行したことなどから、加害車両との車間距離が150メートルないし160メートルに開き、これ以上追跡したとしても加害車両を停止させることは不可能と判断し、追跡を中止した。本件事故は、その後に発生したものであるから、本件追跡行為ないし本件白バイの運行とは何ら因果関係がない。

・因果関係を認める裁判所の判断

　本件白バイは、加害車両を追跡開始後間もなく、駐車、走行車両に妨害されるなどしたため、高速で走行していく加害車両にひき離され、かつ、本件道路が右カーブしていたため、加害車両を見失い、そのため赤色灯の点灯を中止するなどしているが、加害車両の動向の確認等の目的のために、その後も更に本件道路を加害車両が逃走した方向へ走行していったものと推認するのが相当である。……〔中略〕……Mは、本件白バイの追跡を振り切って逃走しようとして本件交差点を左折し約470メートルを時速約80キロメートルないし85キロメートル（秒速約22メートルないし23メートル）で走行したもので、途中約50メートル後方を見た際、本件白バイが追跡しているのを確認しているのであるから、（後方を見た）直後で、前記地点から約400メートルくらいしか離れていない本件事故現場付近においては、Mがなお本件白バイの追跡が続行されていると思って走行していたことは優に推認できるところである。したがって、本件事故が本件追跡行為の中止後に発生したもので、本件事故との間に因果関係がないとする被告の主張は採用し難く、本訴請求との関係では、本件事故は、なお本件追跡行為

が継続しているうちに発生したものと認めるのが相当である。

（しかし、追跡の必要性、相当性を踏まえ、追跡行為に違法はないとした。）

No.3　前橋地裁昭和63年9月26日判決（群馬県〈県警〉側の責任否定・確定）

◆ 事案の概要 ◆

前掲28ページ、更に詳細は第2「判例編」94ページのとおり

◆ 因果関係の判断 ◆

・群馬県〈県警〉側の因果関係不存在の主張

　追跡中止後に発生したもので、パトカーの追跡行為とは関係ないKの暴走運転に起因する事故であるから、本件事故と追跡行為との間の因果関係がない。

・因果関係を認める裁判所の判断

　本件パトカーはK車を追跡開始後、車の性能の差などから次第に車間距離をあけられ、かつ、道路が先へいって右にカーブして、見通しが悪く、道路幅も狭まるため、約300メートルないし400メートル追跡した後、赤色灯及び前照灯のスイッチを切り、サイレンの吹鳴も中止したことが認定できるが、パトカーは左折道路を探す目的もあって、追跡してきた方向へそのまま進行を続けており、事故現場付近の住民がパトカーのサイレンの音を聞いている（但し、どのあたりを走行中の時の音かは必ずしも明らかでない。）などからすると、Kらも事故発生時まで追跡されていることを認識しつつ走行していたことは想像に難くない。とすると、本件事故は追跡行為と時間的に接着し、かつ、継続したなかで発生したもので、事故と追跡行為との間には因果関係があるというべきである。

（しかし、追跡の必要性、相当性を踏まえ、追跡行為に違法はないとした。）

No.4 徳島地裁平成7年4月28日判決（香川県〈県警〉側の責任一部認容、最高裁も県側の責任一部認容）

◆ 事案の概要 ◆

前掲29ページ、更に詳細は第2「判例編」105ページのとおり

◆ 因果関係の判断 ◆

本件はパトカーの追跡中の事故につき、因果関係は争点とされなかった。

No.5 仙台地裁平成7年10月30日判決（宮城県〈県警〉側の責任否定）（仙台高裁平成8年5月29日判決、控訴棄却・確定）

◆ 事案の概要 ◆

前掲29ページ、更に詳細は第2「判例編」119ページのとおり

◆ 因果関係の判断 ◆

・宮城県〈県警〉側の因果関係不存在の主張

本件事故は、パトカーが追跡行為を中止した後に発生したもので、追跡行為と事故との間に因果関係は存在しない。

すなわち、Y字路交差点を過ぎたころから、加害車は暴走して本件パトカーとの車間距離が離れていき、S巡査らは、右時点で加害車の車両番号の確認を終え、また、前方の道路状況が追跡に不適当となったため、本件パトカーの速度を時速約40キロメートルに減速し、赤色灯を消しサイレンも止めて追跡を中止し、事後捜査に移行した。

そして、その後S巡査らが加害車の進行方向に通常走行していたところ、400メートルないし500メートル前方に火花様の閃光を認め、事故現場で横たわっている被害者と停止している加害車を発見した。K自身も、パトカー

との距離が離れてきてパトカーが追跡を諦めたように見えたので本件交差点を右折せずに直進しようと思ったと述べており、パトカーが追跡を止めたことを認識しているかのような供述をしている。

したがって、本件事故は、本件パトカーが追跡行為を中止した後で発生したものであるから、両者の間に因果関係はないものというべきである。

・因果関係を認める裁判所の判断

本件事故とS及びT両巡査の行為との間の因果関係を判断するに際して、いわゆる緊急追跡行為自体に限定するのは相当ではなく、緊急追跡行為終了後の時間的場所的に接着した相当の範囲内の事故は、なお追跡行為の影響が色濃く残っている限り、その間に因果関係を認めるのが相当である。

こうした観点から本件を見るに、なるほど本件においては既に緊急追跡行為が終了していたものの、本件パトカーは依然逃走車と同方向に通常走行し、外形的には追跡行為とほとんど変わりない状況にあり、直前まで激しく追跡されていた逃走車は、なお追跡行為の影響下にあるというべきであり、たとえ、交差点内に右折待機車がいるのを認めながら減速することなく、高速度で直進したという加害者の過失により事故が発生したと認められる場合でも、パトカーの追跡を受けているものと考えてこれを逃れるためにかかる行動を取ったものである以上、追跡行為と事故との間に因果関係を認めるのが相当である。

（しかし、追跡の必要性、相当性を踏まえ、追跡行為に違法はないとした。）

このように、裁判例はいずれも追跡の中止後の逃走車の事故について因果関係を認めている。とりわけ、№5の仙台地裁判決での「本件事故とS及びT両巡査の行為との間の因果関係を判断するに際して、いわゆる緊急追跡行為自体に限定するのは相当ではなく、緊急追跡行為終了後の時間的場所的に接着した相当の範囲内の事故は、なお追跡行為の影響が色濃く残っている限り、その間に因果関係を認めるのが相当である。」との判示部分は傾聴に値する見解である。

したがって、パトカーが追跡を中止した後に、逃走車両が第三者（車両）と事故を起こした場合、パトカーの追跡行為と逃走車両が起こした事故との

間に因果関係が存するか否かは、追跡中のパトカーと逃走車両との相互の距離及び速度、追跡距離と追跡時間、逃走態様、追跡を中止した際の両車の距離及び速度、その後どのような経過時間・距離を経て、逃走車両が事故を起こしたかなど実況見分を通じて明らかにするとともに、逃走中の逃走者の主観的事情などの諸要素を総合的に判断してなされなければならない。

10 報道対応上の問題

追跡活動中の事故が発生した場合、メディアの関心事項であるので、通常、広報担当者である副署長（副隊長）、あるいは次長等が対応することとなる。

その場合、事故発生直後の広報は、判明した事故概要の客観的事実にとどめ、コメントについては「ゆるぎなき事実関係」をしっかりと把握した上で、対応する必要がある。

参考までに、最近の地方紙（平成20年10月、11月分）及び前版で取り上げた全国紙及び地方紙から目に触れた追跡活動中の事故のコメントを紹介する。

いずれも簡潔で要点を押さえたコメントとなっており、今後とも、この種事案に一層適切に対応されることを願っている。

① 平成20年11月20日付け千葉日報

19日午前6時10分ごろ、成田市新町の市道で、県警自動車警ら隊のパトカーに追跡された4人乗りの軽乗用車が道路左側の電柱に衝突した。運転していた同市内の無職少年（17）が左手の指を骨折、助手席の無職少年（16）も左手首を折り重傷、助手席後ろの高校1年・男子生徒（17）も顔面打撲などを負った。

成田署は、自動車運転過失傷害と道交法違反（無免許運転）の疑いで運転の少年を逮捕。窃盗（自動車盗）容疑で助手席の16歳少年と、車の同乗者とは別の無職少年（17）を捕えた。

同署によると、同日午前5時50分ごろ、同警ら隊のパトカーが、酒々井町

上本佐倉の交差点付近で不審な軽乗用車を見つけた。今月13日に同市中台の県営住宅駐車場から盗まれ、会社員女性（40）から同署に盗難届が出ていることが判明し追跡したという。軽乗用車は富里市を通り成田市内へと約15キロメートル逃げ続け、電柱に衝突する約１キロメートル手前で左前輪がパンクしていた。

　　同警ら隊の副隊長は「追跡方法は適正だった」としている。

② 　平成20年11月15日付け中日新聞

　　14日午前11時半ごろ、愛知県岡崎市大樹寺１の県道交差点で、県警第２交通機動隊の白バイの追跡を受けていた乗用車が、同県豊田市上丘町主婦Ｔさん（33）の軽乗用車に衝突した。軽乗用車は横転し、同乗していた長女（５か月）が頭を強く打って外傷性ショックで約６時間後に死亡。Ｔさんも腰の骨を折って重傷。

　　乗用車の男は徒歩で逃げたが、約１キロメートル先の公園で約１時間後に別の隊員に捕まり、岡崎署は自動車運転過失傷害と道交法違反（ひき逃げ）の疑いで逮捕した。同署は自動車運転過失致死容疑に切り替えて調べている。逮捕されたのは、ブラジル国籍のＡ（26）。同容疑者は無免許だった。

　　調べでは、Ａ容疑者は、現場から約550メートル離れた国道248号交差点付近で、進路変更禁止違反で白バイに停止を指示されたが、信号無視して逃走。再び赤信号を無視して交差点に進入し、南から来たＴさんの軽乗用車の右側面に衝突した。現場にブレーキ痕はなく、Ａ容疑者の車は時速100キロメートル以上で交差点に進入したらしい。

○ 　県警第２交通機動隊長の話

　　被害者には心からお悔やみ申し上げるとともに、一刻も早い回復を願っている。現段階では白バイの追跡方法、時間、距離とも問題なく、適正と判断している。

③ 　平成20年10月29日付け山梨日日新聞

　　28日午前零時20分ごろ、甲府市貢川２丁目の国道52号で、南甲府署のパト

カーに追跡されていた韮崎市の自称派遣社員（25）の乗用車が、沿道の板金会社の事務室、駐車していた車2台、電柱に次々と衝突。派遣社員は胸などに軽傷を負った。同乗者はなく、他にけが人はなかった。

　同署の発表によると、乗用車は約10分前に昭和町の国道20号で不審な動きをしたため、パトカーが停止を求めたところ逃走。パトカーはサイレンを鳴らして追跡し、甲斐市内で一時見失ったが、別のパトカーが同市内で再び発見し、さらに追跡していた。

　同署は、派遣社員が無免許運転発覚を恐れて逃走したとみて、道交法違反（無免許、信号無視）の疑いで調べている。

　同署の副署長は「パトカーは約300メートル後方から追跡していて、正当な職務執行と考えている」と話している。

④　平成20年10月22日付け徳島新聞

　21日午前2時20分ごろ、小松島市芝生町赤石の市道脇の田に阿南署のパトカーに追跡された徳島市南末広町無職Ｕ（19）ら15～19歳の男性2人が乗ったオートバイ3台が相次いで転落。Ｕさんは全身を強く打ち小松島市内の病院に運ばれたが、約1時間半後に死亡。

　阿南署によると、事故発生前の午前2時すぎ、阿南市上中町の国道で同署の警ら中のパトカーが爆音を上げて走行するオートバイ3台を発見。職務質問するため停止を求めたが応じず、信号無視やジグザグ走行を繰り返しながら小松島方面に逃走した。パトカーが追跡したが、約9キロメートル離れた小松島市横須町で脇道に逃げ込んだため見失ったという。連絡を受けた小松島署員が捜したところ、転落しているオートバイ3台と男性5人を見つけた。

　阿南署の副署長は「追跡は適切で問題はなかったと考えている」と話している。

⑤　平成20年10月16日付け伊勢新聞

　15日午前1時5分ごろ、四日市市日永東3丁目の国道1号で、パトロール中の署員が、ナンバープレートの登録車種が違う不審な乗用車を発見した。

乗用車はパトカーから停止するよう求められたが、それに応じず逃走し、約5分後、発見場所から北に約3.5キロメートル離れた同市滝川町の交差点で、左脇の信号柱に衝突した。運転していた同市無職少年（17）は左足を骨折する重傷を負い、市内の病院に搬送された。

　四日市南署の調べでは、少年は当時、100キロメートル以上の速度で走行し、数回にわたって信号無視を繰り返していたという。パトカーは、少年の乗用車を約3キロメートル追跡したが、ほかの車両への安全を考慮し追跡を中止。事故はその直後に発生したらしい。

　同署は、少年がハンドル操作を誤った可能性もあるとみて、道交法違反（無免許運転）容疑で調べを進めるとともに、車両が盗難車だったことから、少年から詳しい事情を聴く方針。

　同署の副署長は「追跡行為も追跡を断念した行為も適切だったと考えている」と話している。

⑥　平成16年8月17日付け読売新聞（夕刊）

　16日午後11時20分ごろ、静岡県三島市川原ケ谷の県道で、三島署のパトカーに追跡されていた乗用車が道路左側のガードレールに衝突、運転していた同市の会社員（27）が足の骨を折るなどの重傷を負った。乗用車は事故の直前に近くのコンビニ駐車場で盗まれたことが判明。同署は会社員の回復を待って事情を聴く。

　調べでは、パトカーは巡回中、現場から約1キロメートル離れた交差点で赤信号を無視した乗用車を発見。近くの交番に誘導し、免許証の提示を求めたところ急発進して逃走したため、サイレンを鳴らして追跡したという。

　同署は「事故当時、パトカーと乗用車の車間距離は約160メートルあり、無理な追跡ではなかった」と話している。

⑦　平成16年8月7日付け読売新聞（夕刊）

　7日午前6時15分ごろ、宇都宮市西二の国道119号交差点で、パトカーに追跡されていた栃木県佐野市飯田町大学生（21）のオートバイと同県岩舟町

和泉、土木作業員（61）のワゴン車が衝突、大学生が死亡し、ワゴン車の5人が負傷した。

　宇都宮中央署の調べでは、巡回中の同署パトカーがヘルメットを着用せずに信号無視をしたオートバイを発見、赤色灯を点灯して時速40から50キロメートルで約1キロメートル追跡したところ、赤信号を無視して時速約50キロメートルで交差点に進入したという。

　同署の副署長は「調査中だが、今の段階では適正な追跡だと考えている」と話している。

⑧　平成16年6月4日付け日本経済新聞（夕刊）
　3日午後10時前、兵庫県明石市のJR神戸線土山駅構内で、パトカーに追跡された乗用車が遮断中の踏切に進入し、播州赤穂発野洲行き新快速電車（8両編成、乗客約250人）と衝突した。車は大破し、運転していた同県稲美町の運転手の男性（19）と、神戸市西区の女性会社員（20）の2人が死亡した。電車の乗客らにけがはなかった。

　明石署の調べによると、事故の数分前、土山駅から南に約1.5キロメートル離れた交差点で、パトカーで巡回中の同署員が蛇行運転している車を発見、酒気帯びの疑いもあるとみて追跡した。パトカーはサイレンを鳴らし、拡声器で停車を指示したが、車は無視して逃走、遮断機を突破して踏切に入った。

　同署は業務上過失致死の疑いで、死亡した男性を書類送検する方針。

　同署の副署長は「詳細は調査中だが、追跡に問題はなかったと判断している」としている。

⑨　平成16年5月4日付けサンケイ新聞
　3日午前1時ごろ、熊本県久木野村河陰の県道で、大津署のパトカーに追跡されていた2人乗りのオートバイが転倒、乗っていた熊本市戸島本町の無職少年（18）と同県波野村の無職少年（15）は病院に運ばれたが、いずれも頭などを強く打っており、間もなく死亡が確認された。

　現場を管轄する高森署は、事故当時の詳しい状況を捜査している。少年2

人はいずれも無免許だったという。パトカーは暴走族の取締り中、2人がヘルメットをかぶらず、オートバイのナンバーも外して走っているのを発見。オートバイは制限速度を30キロメートル以上超えるスピードで逃走、パトカーは約15分間追跡したが、途中で見失ったため引き返してきたところ、県道脇の駐車スペースで転倒したオートバイと2人を発見した。高さ約30センチメートルの縁石に乗り上げて転倒したとみられる。

　大津署の副署長は「追跡に問題はなかった」と話している。

⑩　平成15年11月26日付け日本経済新聞（夕刊）

　26日午前零時半すぎ、島根県安来市の交差点で、一時停止しなかった軽自動車が安来署員の制止を無視して逃走、パトカーに追跡されて約2キロメートル先の路上で横転した。運転していた男性は収容先の病院で死亡した。

　同署によると、男性は安来市の会社員（28）。事故現場は片側1車線の左カーブで、曲がりきれずに右側の縁石に乗り上げて横転したという。

　署員は一時停止をしなかったのを目撃。赤色灯をつけ、マイクで「止まりなさい」と呼び掛けたという。事故当時、車とパトカーは約150メートル離れていた。

　副署長は「パトカーの追尾行為は適法、妥当な職務行為と考えている。結果的に運転していた人が亡くなったのは残念」と話している。

⑪　平成15年11月24日付け東京新聞

　23日午前5時25分ごろ、埼玉県久喜市の県道交差点で、パトカーに追跡され信号無視した乗用車が、同県杉戸町、会社員Hさん（44）の乗用車と出会い頭に衝突。同乗していた次男で小学3年生（9）が胸を打ち、間もなく死亡。Hさんと長女（12）が鎖骨骨折などで重傷、三男（3）も軽傷。

　久喜署は業務上過失傷害などの現行犯で、信号無視した車の久喜市、鳶職Z容疑者（20）を逮捕、容疑を業務上過失致死に切り替え調べている。

　調べではZ容疑者は事故の5分ほど前、蛇行運転していたのを同署のパトカーに発見され、赤色灯を付けて追跡されたため、民家のブロック塀にぶつ

かりながら、時速約60から70キロメートルで約3キロメートル逃走、Hさんの車と衝突した。無免許運転で、呼気1リットルあたり0.4ミリグラムのアルコールが検出された。

　署長は「追跡は通常の緊急走行だったが、事故により死傷者が出たことは残念、亡くなった児童のめい福を祈るとともに、事後の捜査をしたい」とコメントした。

⑫　平成15年11月12日付け毎日新聞（夕刊）
　12日午前1時15分ごろ、北九州市小倉南区の国道10号で、赤信号を無視した福岡県苅田町の工員I（29）運転の乗用車を北九州市警機動警察隊のパトカーが発見した。停止を求めたが、100キロメートルを超える速度で逃走したため追跡。乗用車は約6キロメートル離れた同区東貫2で赤信号を無視して交差点に入り、左から来た飲食店店長Sさん（24）運転の乗用車と衝突、Sさんは胸などを強く打ち約5時間後に死亡した。
　I容疑者は軽傷、同乗の建設作業員（28）が左足の骨を折る重傷を負った。
　小倉南署はI容疑者を道交法違反（信号無視、速度違反）容疑で現行犯逮捕した。
　調べでは、I容疑者らは車にペットボトルなどに入ったシンナー類を積んでおり、発覚をおそれて逃走したとみて、危険運転致死容疑も含めて捜査中。
　同署はパトカーの追跡方法について「適正な職務執行と考えている」としている。

⑬　平成15年10月6日付け日本経済新聞（夕刊）
　5日午前2時50分ごろ、東京都町田市旭町の交差点で、交通機動隊のパトカーなどが追跡していたオートバイが保冷車と衝突、バイクに乗っていた八王子市の職業不詳の少年（17）が頭を強く打って死亡した。
　調べによると、午前2時10分ごろ、八王子市内で少年らのバイク3台が信号無視や蛇行運転を繰り返しているのを同隊員が発見、パトカーなどで追跡を始めた。

少年らは停止命令に応じず約30分にわたって逃走。仲間のバイクに続いて赤信号の交差点に進入し、保冷車の荷台に衝突したという。少年はヘルメットをかぶっていなかった。
　同隊副隊長の話「暴走行為を放置すれば、第三者に危害を及ぼすおそれがあった。隊員の追跡は正当な職務の範囲内で、無理な追跡はなかったと判断している。」

⑭　平成15年9月3日付け奈良新聞
　2日午前11時30分ごろ、大宇陀町の国道166号で、宇陀署地域課の巡査長2人が交通違反取り締まり中、ヘルメットを着用していない少年のミニバイクを発見、パトカーで追跡を始めた。バイクは国道370号を北進。パトカーは前方の軽自動車を追い越した後、一度は見失ったが、約2分後、バイクが約200メートル先の国道右側のコンクリート擁壁に衝突、転倒するのを発見した。
　事故を起こしたのは少年（17）のミニバイク。少年は頭などを打ち重傷。
　調べでは、パトカーは軽乗用車を追い越す際に赤色灯を点灯し、サイレンを鳴らした以外は通常走行で、一度もバイクと接近して追跡していなかったという。少年はゆるやかな右カーブを曲がり切れなかったらしい。
　宇陀署の次長は「無理な追跡ではなかった。適正な職務執行だった」としている。

⑮　平成15年8月22日付け日本経済新聞（夕刊）
　21日午後11時半ごろ、埼玉県花園町の町道で、男性（34）の乗用車が電柱に衝突し横転、男性は首の骨を折り間もなく死亡した。
　寄居署の調べによると、事故の直前、町内で起きた傷害事件の現場から逃げた車を捜していた同署のパトカーが、車体の色が似た男性の車を発見。停止を求めたところ時速約120キロメートルで約3キロメートル逃走し、緩いカーブを曲がりきれずに反対車線の電柱に突っ込んだという。
　同署の副署長は「追跡方法に問題はなかった」としている。

⑯　平成15年8月22日付け宮崎日日新聞
　21日正午すぎ、佐土原町の県道で、白バイから逃走していたSさん（20）の自動二輪車が赤信号を無視して交差点に進入、女性（48）の軽乗用車と出会い頭に衝突した。Sさんは頭の骨を折る2か月の重傷、女性も軽傷を負った。
　宮崎北署の調べでは、Sさんは改造した中型自動二輪車を白バイに発見され、県道を時速約80から90キロメートルで逃走。停止していた車両数台を追い越して赤信号の交差点に進入し、東側から走ってきた女性の軽自動車と衝突した。Sさんは無免許だった。
　白バイはSさんの約100メートル後を約1.7キロメートル追跡していた。
　同署は「無理な追跡ではなかった」と話している。

⑰　平成15年8月22日付け信濃毎日新聞
　21日午後2時40分ごろ、須坂市の市道交差点で、パトカーに追跡された若い男性2人乗りの原付バイクが女性（49）の軽乗用車と出会い頭に衝突した。バイクに乗っていた1人が頭を強く打って意識不明の重体、もう1人は現場から立ち去って行方が分からなくなっている。須坂署の調べによると、パトカーで警ら中の同署地域課巡査長（51）が、事故現場から約2キロメートル離れた須坂市内で、後方から見えないようにナンバーを折り曲げて2人乗りで走るバイクを発見し、停止を求めたところ逃走したため、追跡したという。現場は信号機のない住宅街の交差点。バイクの側に一時停止の線があったが、停止せずに交差点に進入したらしい。
　バイクは盗難の被害届が出ていた。
　須坂署の次長は「ナンバーが折り曲げられた2人乗りの不審車両に対し、サイレンを鳴らして『止まれ』と告げており、追跡には問題はなかった」と話している。

⑱　平成15年8月19日付け東奥日報新聞
　18日午後4時25分ごろ、青森市の県道で、白バイの追跡から逃げていた少年（16）のオートバイがTさん（36）のワゴン車に追突。少年が左ひざ骨折

の重傷を負ったほか、同乗していた少年（16）と、ワゴン車に同乗のＴさんの母親（62）が首や顔に軽いけがをした。

青森署の調べによると、オートバイの少年は同市石江の踏切で一時不停止の交通違反を交通機動隊の白バイに発見され、逃走中だった。白バイは赤色灯を点灯させてサイレンを鳴らし、約2キロメートルにわたってオートバイを追跡した。

青森署は「正当な職務行為だった」としている。

⑲　平成15年5月20日付け中国新聞

19日午前4時10分ごろ、周南市の国道2号交差点で、盗難車としてパトカーに追跡されていた乗用車が道路左側歩道の水銀灯の柱に衝突した。無免許で運転していた少女（16）が胸を強く打って意識不明の重体、助手席の少女（18）が顔に軽傷を負った。

事故直前、パトカーの下松署員が、下松市の国道2号で盗難手配中の乗用車を発見。停止を求めると逃走した。乗用車は信号無視も重ねながら約5分後、約7キロメートル離れた交差点で衝突事故を起こした。下松、周南両署のパトカー数台が時速80から100キロメートルで追跡したが、乗用車はさらに引き離して逃走したという。

同署の副署長は「けが人が出たのは残念だが、盗難車の追跡は当然の職務」と話している。

⑳　平成15年5月17日付け上毛新聞

16日午後4時35分ごろ、前橋市南町の市道で、少年2人が乗ったオートバイが、北群馬郡内の会社員（47）の乗用車に衝突。少年2人のうち、同郡内の少年（16）が胸などを強く打って死亡。もう1人の太田市内の少年（19）と乗用車の男性が首や腰に、それぞれ軽いけがをした。

前橋署の調べによると、少年らは仲間4人で、いずれもヘルメットをかぶらずにオートバイ2台に分乗。ＪＲ前橋駅北口前の市道を東に向かって走行中、信号無視に気づいたパトカーが追跡を始めたため、蛇行運転や信号無視

などを繰り返しながら逃走を続けた。途中、2台は2手に分かれてスピードを上げ、その後、1台が発見現場から約830メートル離れた市道十字路で、一時停止を無視して飛び出した際、左から来た男性の乗用車の側面に衝突したらしい。

同署は「追跡の際、パトカーは赤色灯をつけてサイレンを鳴らしていた。追跡の方法は適正だった」などとしている。

㉑　平成15年5月12日付け北海道新聞（夕刊）

12日午前5時40分ごろ、空知管内栗沢町の道路で、Mさん（28）の乗用車が路外に飛び出して道路標識に衝突。Mさんは頭を強く打ち、間もなく死亡した。

岩見沢署によると、同署のパトカーが、現場から約2キロメートル離れた追い越し禁止区間で追い越しをしたMさんの車を発見し、停止を求めて追跡。パトカーはいったんMさんの車の前に回り込んで停止させようとしたが、MさんはUターンさせて逃走したため、追跡を続けていた。

同署は「追跡は適正で、問題はなかった」と話している。

㉒　平成15年5月8日付け西日本新聞（夕刊）

8日午前零時半ごろ、福岡県春日市の交差点で、パトカーに追跡されていた同県筑紫野市の男子高校生（15）のバイクが、Nさん（38）の乗用車と衝突、高校生は胸などを強く打ち約1時間半後に死亡した。

筑紫野署の調べでは、パトカーが大野城市内で、走ってきたバイクが急にUターンしたのを発見、停止するよう求めた。バイクはスピードを上げて約2キロメートル逃走、赤信号を無視して交差点に進入し乗用車と衝突したという。高校生は無免許だった。

同署は「再三、停止を求め、サイレンを鳴らさずに法定速度内で追跡した。適正な職務執行だった」と説明している。

11　結び

　平成15年12月19日付け山陽新聞によれば、信号無視の違反車両を追跡中、違反車両が民家に衝突した自損事故について、「信号無視したこの乗用車を追跡していて現場を通ったにもかかわらず、上司には、通っていない、と報告した」件について、パトカー乗務員が虚偽の報告をしたとして、O県警が巡査部長2人を戒告処分にし、「虚偽報告の理由は、事故と追跡との関係の説明を求められることなどを考え、重大さに気後れしたと説明。数日後、反省して事実を打ち明けた、とした」との報道がなされたが、追跡活動に対する考え方が十分に浸透、理解されていないことのあらわれであり、残念に思うところであり、本書を活用され、指導教養を一層推進されるよう願うところである。

　最後に繰り返すこととなるが、刑法犯認知件数の増加、地域社会の犯罪抑止機能の低下、国民の規範意識の低下、公務執行妨害罪の増加等をも踏まえると、今後とも追跡活動の必要性が高まることが予想され、第2「判例編」で紹介した最高裁判例、これに続く裁判例の理解なくしては、もはやこれに適切に対処することはできないというべきである。

　どうか、第1の「パトカー等警察車両による追跡活動における実務のあり方」、第2の「判例編」及び第3の「より深い理解のために」を有効に活用され、自信をもった活動がなされることを願ってやまない。

別表

現 場 臨 場 用 メ モ

項　　　目	把　　　握　　　事　　　項		
事故の概要	発生日時	平成　年　月　日（　）午前・午後　時　分	
^	発生場所	先路上　（国・県・市町村　　　　道　　号線）	
^	認知時間 (申告・通報者)	月　日　午前・午後　時　分	
^	第1当事者 (逃走車両)	(住所) (職業) (氏名)＿＿＿＿＿＿＿＿＿＿＿＿＿＿＿＿ 　　　大正・昭和・平成　年　月　日（　歳） (負傷程度)	同乗者	(住所) (職業) (氏名)＿＿＿＿＿＿＿＿＿＿＿＿＿＿＿＿ 　　　大正・昭和・平成　年　月　日（　歳） (負傷程度)
^	車両	(ナンバー) (損傷程度) (所有区分)　自己名義、他人名義、盗難車、その他 (盗難車の場合) 　その概要＿＿＿＿＿＿＿＿＿＿＿＿＿＿	^	(住所) (職業) (氏名)＿＿＿＿＿＿＿＿＿＿＿＿＿＿＿＿ 　　　大正・昭和・平成　年　月　日（　歳） (負傷程度)
^	第2当事者	(住所) (職業) (氏名)＿＿＿＿＿＿＿＿＿＿＿＿＿＿＿＿ 　　　大正・昭和・平成　年　月　日（　歳） (負傷程度)	同乗者	(住所) (職業) (氏名)＿＿＿＿＿＿＿＿＿＿＿＿＿＿＿＿ 　　　大正・昭和・平成　年　月　日（　歳） (負傷程度)
^	車両	(ナンバー) (損傷程度) (所有区分)　自己名義、他人名義、その他	^	(住所) (職業) (氏名)＿＿＿＿＿＿＿＿＿＿＿＿＿＿＿＿ 　　　大正・昭和・平成　年　月　日（　歳） (負傷程度)
^	事故の態様		
^	事故時の目撃者		
追跡の概要	追跡車両	＿＿＿警察署、＿＿＿隊所属のパトカー、白バイ、捜査用車両、その他の車両（　） ○ナンバー（　　　　　） ○損害程度（　　　　　　　　　　　　　　　　）負傷程度	
^	追跡警察官	運転者＿＿＿係＿＿＿階級　氏名＿＿＿＿＿（　歳） 同乗者＿＿＿係＿＿＿階級　氏名＿＿＿＿＿（　歳） 同乗者＿＿＿係＿＿＿階級　氏名＿＿＿＿＿（　歳）	
^	追跡の端緒	平成　年　月　日（　）午前・午後　時　分 先路上　（国・県・市町村　　　道　　号線） ○交通違反（違反名　　　　　　　　　　　）を現認 ○盗難車（被害概要　　　　　　　　　　　）の確認 ○その他（　　　　　　　　　　　　　　　）の容疑	
^	緊急車要件等	赤色灯の点灯（有・無）、サイレンの吹鳴（有・無）、マイクの使用（有・無）、前照灯点灯（有・無）	
^	追跡経路	＿＿＿＿＿＿＿＿＿＿（　号線）から ＿＿＿＿＿＿＿＿＿＿（　号線）までの間 追跡距離＿＿＿＿キロメートル（別添図面のとおり。） (追跡経路は、早急に把握すべき事項であるので、地図等を利用し、添付する。)	
^	交通規制	～上記図面に記載して明らかにする～	
^	追跡速度及び時間	時速約　～　キロメートルで追跡（追跡時間約　　分）	
^	逃走速度	時速約　～　キロメートルで逃走	
^	車間距離	逃走車両と約　～　メートルの車間距離を確保し、追跡	
^	逃走車両の特異な動向		
^	停止指示の状況	マイクで＿＿＿回停止指示、前照灯をパッシング、並進走行させ停止合図 その他の指示（　　　　　　　　　　　　　　　　　　　　　　　　　）	
^	追跡の状況	運転者、同乗者の人定特徴	運転者　年齢　歳位　男・女、特徴（　　　　　　　　　　　） 同乗者　年齢　歳位　男・女、特徴（　　　　　　　　　　　） 同乗者　年齢　歳位　男・女、特徴（　　　　　　　　　　　）
^	^	ナンバー確認	ナンバー（　　　号）、確認できず（ナンバーなし、ナンバー隠蔽、その他　　）
^	^	無線手配の有無	午前・午後　時　分、通信指令課（室）・本署に手配
^	^	交通状況	
^	^	道路状況、人家等	
^	^	照明状況	
^	^	追跡中止の理由	
^	^	逃走車の事故直前の警察車両の動向	
^	^	天候・路面状況	

第2 判例編

No.1 警察官のパトカーによる追跡を受けて車両で逃走する者が惹起した事故により第三者が損害を被った場合において、右追跡行為が国家賠償法1条1項の適用上違法であるというための要件

＜最高裁第一小法廷昭和61年2月27日判決　民集40巻1号＞

──要　旨──

① およそ警察官は、異常な挙動その他周囲の事情から合理的に判断してなんらかの犯罪を犯したと疑うに足りる相当な理由のある者を停止させて質問し、また、現行犯人を現認した場合には速やかにその検挙又は逮捕に当たる職責を負うものであって（警察法2条、65条、警察官職務執行法2条1項）、右職責を遂行する目的のために被疑者を追跡することはもとよりなし得るところである。

② 警察官がかかる目的のために交通法規等に違反して車両で逃走する者をパトカーで追跡する職務の執行中に、逃走車両の走行により第三者が損害を被った場合において、右追跡行為が違法であるというためには、右追跡が現行犯逮捕、職務質問等の職務目的を遂行する上で不必要であるか、又は逃走車両の逃走の態様及び道路交通状況等から予測される被害発生の具体的危険性の有無及び内容に照らし、追跡の開始・継続若しくは追跡の方法が不相当であることを要する。

③ Xは、速度違反行為を犯したのみならず、警察官の指示によりいったん停止しながら、突如として高速度で逃走を企てたものであって、いわゆる挙動不審者として速度違反行為のほかに他のなんらかの犯罪に関係があるものと判断し得る状況にあった。

④ パトカーに乗務する警察官は、Xを現行犯人として検挙ないし逮捕するほか挙動不審者に対する職務質問をする必要もあった。

⑤ 警察官は逃走車両の車両番号を確認した上、県内各署に加害車両の車両番号、特徴、逃走方向等の無線手配を行い、追跡途中で「交通機動隊が検問開始」との無線交信を傍受したが、同車両の運転者の氏名等は確認できておらず、無線手配や検問があっても、逃走する車両に対しては

究極的には追跡が必要になることを否定することができないから、当時パトカーが加害車両を追跡する必要があった。
⑥　パトカーが加害車両を追跡していた道路は、その両側に商店や民家が立ち並び、交差する道路も多いものの、その他に格別危険な道路交通状況はなく、東山交差点から雄山町交差点までは4車線、その後は2車線で歩道を含めた道路の幅員が約12メートル程度の市道であり、事故発生の時刻が午後11時ころであったというのであるから、逃走車両の運転の態様等に照らしても、パトカー乗務員において当時追跡による第三者の被害発生の蓋然性のある具体的な危険性を予測し得たものということはできない。
⑦　更に、パトカーの追跡方法自体にも特に危険を伴うものはなかったということができるから、追跡行為が違法であるとすることはできない。

◆ **事案の概要** ◆

①　T警察署地域課（当時は外勤課）自動車警ら係S巡査、E巡査及びO巡査は、昭和50年5月29日午後10時50分ころ、警ら用無線自動車（以下「本件パトカー」という。）に乗車して富山市緑町1丁目方面から同市住吉町1丁目1番方面に向かい北進して機動警ら中、T警察署S交番前の交差点付近にさしかかった際、国道8号線（現国道41号線）を高岡市方面から魚津市方面に向け走行中のX運転の普通乗用自動車（以下「逃走車両」という。）が速度違反車であることを現認したので、直ちに約380メートルの間追尾してその時速が同所の指定最高速度時速40キロメートルを超える78キロメートルであることを確認した。

　そこで、本件パトカーは、逃走車両を停止させるため赤色灯を点灯しサイレンを吹鳴して同車の追跡を開始した。

②　逃走車両は、時速約100キロメートルに加速して逃走し、同市荒川西部100番地付近で停車したので、本件パトカーも同車の前方約20メートルの地点に斜めに同車の進路を塞ぐように停止したが、その間に同車の車両番号を確認

した。
③　Ｅ巡査及びＯ巡査が本件パトカーから下車し、事情聴取のため同車両に歩み寄ったところ、同車は突如、Ｕターンして高岡市方面に向け時速約100キロメートルで西進し逃走を開始した。そこで、両巡査の乗車を待って、Ｓ巡査は直ちに本件パトカーの赤色灯をつけサイレンを吹鳴して再び追跡を開始し、同時にＴ県警察本部通信指令室を介して県内各署に逃走車両の車両番号、車種、車色、逃走方向等の無線手配を行った。
④　そして、本件パトカーは、逃走車両との車間距離約20メートルないし50メートル、時速約100キロメートルで追跡を続行したが、途中Ｕターン地点から約950メートル西進したＴ交通株式会社前付近で「交通機動隊が検問開始」との無線交信を傍受した。
⑤　Ｕターン地点から同市東町交差点までの国道8号線は、東西に延びる延長約2キロメートルの4車線であるところ、逃走車両は、右区間は時速100キロメートルで逃走を続けたが、その間途中トラック1台を反対車線にはみ出して追い越し、当時同区間に設置されていた田中町、双代町、館出町の各交差点の信号機のうち、少なくとも1か所は赤信号を無視して走行した。
⑥　逃走車両は、東町交差点にさしかかるや、同所の左折車線及び直線車線には先行車が信号待ちのため停車していたのに、減速しつつ右車線から大回りで、赤信号を無視して左折逃走し、本件パトカーも同様の方法で左折し追跡を継続した。
⑦　左折後、本件事故現場に至る道路は、東町交差点からほぼ南北に延びる約1.7キロメートルの通称しののめ通りという市道であって、雄山町交差点までは4車線、その後は2車線で歩道を含む道路の幅員が約12メートルであり、最高速度は時速40キロメートルに指定され、道路両側には商店や民家が立ち並び、また、交差する道路も多いという状況であった。
⑧　逃走車両を運転するＸは、東町交差点を左折後、時速約90キロメートルに加速して逃走したが、音羽町交差点付近で自車後方視界に本件パトカーが入らなくなったので、同車を振り切ったものと考えていったん時速を70キロメートルに減速した。

⑨ 本件パトカーは、東町交差点の左折の辺りでは逃走車両との距離が開いたが、左折後時速約80キロメートルに加速して追跡を続行したため、逃走車両との車間距離を縮め、また、S巡査は、左折直後、逃走車両の逃走方向を無線で手配した。

⑩ ところが、Xは、右減速後、しばらくして後方に本件パトカーの赤色灯を認め、追跡が続行されていることに気付き、再び時速約100キロメートルに加速して進行し、清水旭町交差点の黄色点滅信号、雄山町及び大泉東町1丁目の各交差点の赤色点滅信号を無視して進行したが、本件パトカーは、雄山町交差点からは道路が片道1車線になっている上、前方の大泉東町1丁目交差点から道路が右にカーブしていて逃走車両が見えなくなったため、赤色灯は点灯したまま、サイレンの吹鳴を中止し、減速して進行した。

⑪ Xは、赤信号を無視して富山市大泉東町2丁目18番1号地先交差点に同車両を進入させたため、同日午後10時57分ころ、同交差点内において、同交差点を同市小泉町方面から同市山室方面に向かって青信号に従い進行中のY運転の普通乗用自動車に同車両を衝突させ、そのため、Y運転の自動車が折りから同交差点を山室方面から小泉町方面に向かい青信号に従って進行してきた甲運転、乙及び丙同乗の普通乗用自動車に激突して、甲に骨盤骨折等の、乙に顔面挫傷等の、丙に大腿骨骨折等の各傷害を負わせたのであった。

⑫ このため、事故当時普通乗用自動車を運転していた甲、甲車両に同乗していた乙及び丙が、警察官の追跡が違法であったとして、国家賠償法第1条第1項に基づき、本件事故による損害賠償を求めたものであった。

⑬ 第一審（富山地裁昭和57年4月23日判決）、第二審（名古屋高裁金沢支部昭和58年4月27日判決）は、S巡査らの追跡行為に対する国家賠償法第1条第1項に基づく損害賠償責任を認めた（県〈県警〉側敗訴）。

【上告理由の要旨】

被告県〈県警〉側の上告理由は、国家賠償法第1条第1項規定の違法性認定に関する原判決の解釈適用の誤り、過失認定に関する解釈適用の誤り、因果関係に関する解釈適用の誤りなどを主張した。

大要、原判決について、国家賠償法第1条第1項にいう「違法」とは、当該行為を行った当該公務員の職務義務違反であるところ、本件パトカー乗務の警察官らによる逃走車両の追跡行為は、逃走車両を運転するXを速度違反の現行犯として検挙ないし逮捕し、かつ挙動不審者として職務質問をする必要があり、パトカーの運行には公益的な緊急用務の必要上、いわゆる許された危険の法理が容認されていることなどに照らし、何らの職務義務違反はない。

原判決は、警察使命（一般公衆の生命、身体及び財産の保護という公益目的）の重要性に全く思いをいたさず、緊急自動車の果たすべき役割を過小評価して、国家賠償法第1条第1項の適用に当たり、その要件たる違法性につき特別の事情もないのに二元的に解釈し、過失、因果関係については、事実上パトカー乗務員に不能の注意義務を課し、実質的には条件的因果関係説を採用して、被害者救済を急ぐあまり採証法則に反して一面的な事実認定をなす等の重大な誤りを犯し、いわば"パトカーの追跡によって逃走車が第三者と事故を惹起すればすべて追跡パトカーの責任である"というに等しい命題を判示するものであり、警察活動及び警察行政に与える影響は極めて甚大であるなどと主張した。

◆ 判決の内容 ◆

・原判決を破棄し、第一審判決中上告人の敗訴部分を取り消す。
・被上告人らの請求を棄却する。
・訴訟の総費用は被上告人らの負担とする。

原審は、㈠パトカー乗務の警察官としては、交通法規違反者の追跡に当たっては、追跡行為により被追跡車両が暴走するなどして交通事故をひき起こす具体的危険があり、かつ、これを予見できる場合には、追跡行為を中止するなどして交通事故を未然に防止すべき注意義務があるところ、㈡本件においては、加害車両の運転速度及び逃走態様、道路交通状況に照らすと、本件パトカーが追跡を続行したならば、加害車両の暴走により通過する道路付近の一般人の生

命、身体等に重大な損害を生ぜしめる具体的危険が存し、また、Ｓ巡査らも右危険を予見できたものというべきであり、しかも、追跡を続行しなくても交通検問その他の捜査によりこれを検挙することも十分可能であったから、Ｓ巡査らとしては、追跡を中止するなどの措置をとって第三者の損害の発生を防止すべき注意義務があったのに、これを怠り、高速度かつ至近距離で追跡を続行するという過失を犯したものであり、㈢右追跡行為は、第三者の生命、身体に対し危害を加える可能性が高く、他の取締方法が考えられるから、被上告人らに負わせた傷害の重大性に鑑み、被上告人らに対する関係では違法性を阻却されないと判断して、被上告人らの各請求の一部を認容した。

しかしながら、およそ警察官は、異常な挙動その他周囲の事情から合理的に判断してなんらかの犯罪を犯したと疑うに足りる相当な理由のある者を停止させて質問し、また、現行犯人を現認した場合には速やかにその検挙又は逮捕に当たる職責を負うものであって（警察法２条、65条、警察官職務執行法２条１項）、右職責を遂行する目的のために被疑者を追跡することはもとよりなしうるところであるから、警察官がかかる目的のために交通法規等に違反して車両で逃走する者をパトカーで追跡する職務の執行中に、逃走車両の走行により第三者が損害を被った場合において、右追跡行為が違法であるというためには、右追跡が当該職務目的を遂行する上で不必要であるか、又は逃走車両の逃走の態様及び道路交通状況等から予測される被害発生の具体的危険性の有無及び内容に照らし、追跡の開始・継続若しくは追跡の方法が不相当であることを要するものと解すべきである。

以上の見地に立って本件をみると、原審の確定した前記事実によれば、㈠Ｘは、速度違反行為を犯したのみならず、警察官の指示により一たん停止しながら、突如として高速度で逃走を企てたものであって、いわゆる挙動不審者として速度違反行為のほかに他のなんらかの犯罪に関係があるものと判断しうる状況にあったのであるから、本件パトカーに乗務する警察官は、Ｘを現行犯人として検挙ないし逮捕するほか挙動不審者に対する職務質問をする必要もあったということができるところ、右警察官は逃走車両の車両番号は確認したうえ、県内各署に加害車両の車両番号、特徴、逃走方向等の無線手配を行い、追跡途

中で「交通機動隊が検問開始」との無線交信を傍受したが、同車両の運転者の氏名等は確認できておらず、無線手配や検問があっても、逃走する車両に対しては究極的には追跡が必要になることを否定することができないから、当時本件パトカーが加害車両を追跡する必要があったものというべきであり、㈡また、本件パトカーが加害車両を追跡していた道路は、その両側に商店や民家が立ち並んでいるうえ、交差する道路も多いものの、その他に格別危険な道路交通状況はなく、東山交差点から雄山町交差点までは４車線、その後は２車線で歩道を含めた道路の幅員が約12メートル程度の市道であり、事故発生の時刻が午後11時頃であったというのであるから、逃走車両の運転の前示の態様等に照らしても、本件パトカーの乗務員において当時追跡による第三者の被害発生の蓋然性のある具体的な危険性を予測しえたものということはできず、㈢更に、本件パトカーの前記追跡方法自体にも特に危険を伴うものはなかったということができるから、右追跡行為が違法であるとすることはできないものというべきである。

　してみると、かかる状況のもとにおける本件パトカーの乗務員の追跡行為に伴う具体的危険性及び右追跡行為の必要性の有無についての判断を誤り、右追跡は違法であったとした原審の判断には、法令の解釈適用の誤りがあり、右の違法が判決の結論に影響を及ぼすことは明らかであるから、論旨は理由がある。そして、右に説示したところによれば、前記確定事実のもとにおいては、被上告人らの請求は理由がないことに帰するから、原判決を破棄し、被上告人らの各請求の一部を認容した第一審判決中右請求認容にかかる上告人の敗訴部分を取り消したうえ、被上告人の請求を棄却すべきである。

●解　説●

1　問題の所在

　最近、全国的にパトカー等の警察車両に追跡された逃走車両が事故を起こしたケースが多く報道されており、その中で逃走車両から損害を被った第三者が

追跡活動に当たった警察官に違法があったとして、国家賠償法に基づき損害賠償請求が提起されているものが一部にみられる。

　逃走車両にみられる追跡開始の端緒となった違反行為は、速度違反、信号無視、整備不良車両、ヘルメット未着用など様々な態様があり、これらの中には交通違反に隠れた重大な違反（無免許運転、飲酒運転など）の発覚をおそれ、あるいは他の犯罪（盗難車両、銃器や覚せい剤所持、指名手配など）の発覚をおそれ、その検挙を逃れるため、など多様である。

　もとより、警察責務として「犯罪の予防、鎮圧及び捜査、被疑者の逮捕、交通の取締」（警察法2条1項）が掲げられていることにかんがみれば、これらに対して、追跡を躊躇し、他方素直に停止するもののみが検挙されることになれば、公平感が著しく阻害されるばかりか、犯罪の助長にもつながることとなり、治安上、重大な問題が生ずる。したがって、逃走行為を決して容認することはできないことは言うまでもない。

　一部に事後捜査で足りるではないかという見解もあるが、事後捜査では盗難車両、ナンバー偽造、覚せい剤等の容疑が認められる場合、容易に証拠隠滅等が図られる結果、後日の検挙が極めて困難となり、事案の真相を明らかにすることに大きな障害となる。

　また、無線手配といっても、途中で他の車両に乗り換え、乗り捨てする場合もあろうし、更に無線手配を受けた他のパトカーが逃走車両を発見した場合、結局、先の追跡が他のパトカーによる追跡に引き継がれ、追跡が継続されるにすぎない。

　更に、検問といっても、凶悪事件などの発生の場合の広範囲な緊急配備は別として、一般の追跡事案においては、このような体制による捕捉活動は時間的、人員配置の制約などからして現実的に採り得ない。

　このようなことから警察活動の中でその責務遂行のため、必然的に追跡行為を伴うこととなるが、それでは、警察車両に追跡された逃走車両が逃走中、第三者に損害を与えた場合、かかる追跡行為が国家賠償法第1条第1項の適用上、違法となるのはどのような場合かが問題となる。

　ここで紹介した事案は、昭和50年5月29日の深夜、富山県下でパトカーが違

反車両を追跡中に違反車両が市道交差点で赤信号を無視して進入したため、青信号に従い進行してきた第三者（車両）と衝突した交通事故で重傷を負った第三者（車両）の乗務員が富山県〈県警〉に対して国賠法上の責任を提起し、最高裁判所まで激しく争われた事案であり、この最高裁第一小法廷昭和61年2月27日判決は、この種事案のリーディングケースとなった極めて重要な判決である。

2　富山地裁昭和57年4月23日判決

　第一審たる富山地方裁判所（昭和57年4月23日判決）は、次のように述べて、S巡査らの追跡行為に違法性を認め、国賠法1条1項に基づく損害賠償責任を肯定したのであった。
○　警察官らの過失
　(1)　警察法第2条に定める責務を有する警察官は、現行犯を現認した以上これを放置することは許されず、司法警察権に基づき、速やかに犯人の検挙、場合によっては逮捕の職責を有し（警察法2条、65条、刑事訴訟法213条）、その職責遂行のため犯人を追跡し得ることは当然のことであり、また、道路交通法違反の行為により交通事故発生のおそれがあり道路交通の安全と秩序が犯されている場合にあっては、行政警察権に基づき、速やかに違反状態を摘除して道路交通の安全と秩序の回復を図るべく（警察法2条、警察官職務執行法1条、2条）、そのために違反車両を停止させ又は停止させるためこれを追跡し得ることも多言を要しない。
　(2)　しかしながら、交通取締に従事する警察官は、単に違反者の検挙のみを目的とするものではなく道路交通の安全と円滑を確保することをもその目的として職務に従事しているのであるから、違反車両が警察官の停止命令に従わずあくまで逃走を続けるような場合、違反車両の現場における検挙のみをいたずらに求めることなく、併せて道路交通の安全及び円滑、一般人の生命、身体及び財産の安全の確保をも図らなければならず、一般人の生命、身体、財産の安全を確保し得る適切な方法により違反車両の検挙に当たらなければならない。

(3) 緊急自動車の一つであるパトカーには、道路交通法上、法令の規定により停止しなければならない場合でも停止することを要せず（道路交通法39条2項）、また、速度違反車を取り締まる場合には速度制限規定は適用されない（同法41条2項）などの特例が認められているけれども、違反車両の追跡に当たって、自ら交通事故を惹起することのないように注意して走行すべき注意義務があることは一般車両の場合と異ならず、更に、自車の追跡行為により被追跡車両が暴走するなどして交通事故を惹起する具体的危険があり、かつ、これを予見できる場合には、追跡行為を中止するなどして交通事故の発生を未然に防止すべき注意義務がある。

(4) そして、その際に追跡を継続すべきか否かは、逃走車両の運転速度及びその態様、交通違反の程度及びその態様、道路及び交通の状況、違反車両検挙のための他の手段の有無等追跡の必要性を総合的に検討して判断すべきである。

(5) これを本件についてみると、Ｘ車両（逃走車両）は、Ｕターンして逃走開始してから東町交差点に至るまでの約2キロメートルの間、道路の両側に主として会社や商店等が立ち並んでいる市街地を指定最高速度時速40キロメートルをはるかに超える時速約100キロメートルの高速度で、途中赤信号を無視し、法規に違反してセンターラインをはみ出して走行するなどの暴走運転を行い、東町交差点では、信号待ちで停車中の先行車がいたのに赤信号を無視して右折車線から大回りで左折したものであり、また、逃走方向である通称しののめ通りは、道路の両側に民家や商店が立ち並ぶ市街地道路で交差する道路が多く、途中の雄山町交差点までは片側2車線であるが、国道8号線よりは道路の幅員が狭く、同交差点からは片側1車線となっており、更に、Ｓ巡査らはＸ車両がＵターン逃走する以前にすでに同車の車両番号を確認しており、Ｕターン直後に同車の車両番号、車種、車色、逃走方向等について無線手配を行い、右手配に対し検問が開始された旨の無線を傍受していたし、また、東町交差点を左折直後、Ｘ車両の逃走方向を無線手配していた。

(6) したがって、このようなＸ車両の運転速度及び逃走態様、道路及び交通

の状況に照らすと、東町交差点左折後もそのまま追跡を続行したならば、同車の暴走により通過する道路付近の一般人の生命、身体又は財産に重大な損害を生ぜしめる具体的危険が存し、また、Ｓ巡査らも右のような危険を予測し得たものというべきである。

(7) しかも、あえて追跡を継続しなくても交通検問など他の捜査方法ないしは事後の捜査によりＸを検挙することも十分可能であったと認められる。

(8) してみれば、Ｓ巡査らは、東町交差点を左折した時点で、直ちに追跡を中止する等の措置をとって第三者への損害の発生を防止すべき注意義務があったものというべきところ、検挙を急ぐあまり右注意義務を怠り、東町交差点左折後も少なくとも雄山町交差点付近まで時速約80キロメートルの高速度で至近車間距離で追跡を続行するという過失を犯したものというべきである。

(9) 被告は、本件パトカーによる追跡行為は司法警察権及び行政警察権に基づく正当な職務行為であって違法性がなく、ことに本件の場合、追跡は警察の責務を達成するために必要不可欠な手段であった旨主張する。しかしながら、本件パトカーの追跡行為は、Ｘの道路交通法違反の行為を規制し、同人を検挙するという関係においては正当な警察権の行使として適法な職務行為と認められるが、そのような場合にも、第三者の法益を侵害することを極力避けなければならないことは当然であり、他に手段方法がなく、第三者の法益の侵害が不可避であって、かつ、当該追跡によって達成しようとする社会的利益が侵害される第三者の法益を凌駕する場合にのみ、第三者の法益侵害につき違法性を阻却されることがあり得るにすぎないものと解すべきである。

これを本件についてみると、追跡によって達成しようとする社会的利益が軽視し得ないものであることはいうまでもないが、そのためにＳ巡査らがとった方法は、第三者の生命、身体に対し重篤な危害を加える可能性が極めて高い態様のものであり、しかも他の取締りの方法が十分考えられるのであるから、原告らに負わせた傷害の部位程度の重大性にかんがみれば、本件パトカーの追跡の継続が原告らとの関係において違法性を阻却される

ものとは到底いえない。

○ 因果関係

⑽　Xは、東町交差点左折後、音羽町交差点付近でいったんは本件パトカーの追跡を振り切ったものと考えて時速約70キロメートルに減速したが、しばらくして後方に本件パトカーの赤色灯を認めて再び時速約100キロメートルに加速して逃走したために、本件事故を惹起したものであるから、S巡査らの右過失と本件事故との間には因果関係があるというべきである。

○ 被告の責任

S巡査らが、被告の公権力の行使に当たる公務員であり、当時その職務に従事していたことは当事者間に争いがないから、被告は、国家賠償法第1条第1項により、本件事故によって原告らが被った損害を賠償すべき責任がある。

3　名古屋高等裁判所金沢支部昭和58年4月27日判決

富山県〈県警〉側は、富山地裁昭和57年4月23日判決を不服として控訴したが、名古屋高等裁判所金沢支部（昭和58年4月27日判決）は、一審判決と同じ理由で富山県〈県警〉側の控訴を棄却し、富山県〈県警〉側の損害賠償責任を肯定した。

4　富山県〈県警〉側、上告へ　最高裁第一小法廷昭和61年2月27日判決

富山地裁（控訴審もこれを肯認した）は、パトカーの追跡行為中における第三者の法益侵害につき違法性が阻却される要件として①本件パトカーによる追跡行為は、Xの道路交通法違反の行為を規制し、同人を検挙するという関係においては正当な警察権の行使として適法な職務行為であるが、そのような場合にも、②追跡行為に際して、第三者の法益を侵害することを極力避けなければならないことは当然であり、他に手段方法がなく、③第三者の法益の侵害が不可避であって、④当該追跡によって達成しようとする社会的利益が侵害される第三者の法益を凌駕する場合のみという厳しい条件を掲げたが、このような法益比較は、刻々変化する追跡行為の中で把握し難く、かつ、第三者の被害の大

小が偶然によって支配されるものといえるし、現実の追跡活動の現場においては、相当の困難を強いられることとなる。したがってこの例外的要件（ⅰ追跡行為の選択以外、他の代替的な手段方法の不存在、ⅱ第三者の法益侵害の不可避性及びⅲ追跡による社会的利益が侵害される第三者の法益を凌駕すべきこと）が要求される以上、被害の重大性の前には違法性が阻却される余地は乏しく、追跡活動の実務の現場は立ちすくむことは想像に難くなく、賛成できない。更には、追跡行為が職務行為として適法なものが、第三者に対する関係になると何故に違法と評価され得るのか、いわば相対的違法の考え方は、現実的なこのような困難な問題に対しては、容易に理解し難いといわざるを得ない。

　これに対して、富山県〈県警〉側から上告がなされ、最高裁第一小法廷（昭和61年2月27日判決）が、追跡が違法であったとした原審の判断には、法令の解釈適用の誤りがあるとして、原判決を破棄し、第一審判決中上告人（富山県）の敗訴部分を取消し、被上告人らの請求（損害賠償請求）を棄却したのであった。

　判決の中で最高裁は、初めて「警察官のパトカーによる追跡を受けて車両で逃走する者が惹起した交通事故により第三者が損害を被った場合において、追跡行為が国家賠償法1条1項の適用上違法であるための要件」を明言した。

　かくして最高裁は、事実関係を前提に、原因とされる職務行為の正当性に立脚し、初めて国家賠償法第1条第1項の適用上違法であるための要件として、「およそ警察官は、異常な挙動その他周囲の事情から合理的に判断してなんらかの犯罪を犯したと疑うに足りる相当な理由のある者を停止させて質問し、また、現行犯人を現認した場合には速やかにその検挙又は逮捕に当たる職責を負うものであって（警察法2条、65条、警察官職務執行法2条1項）、右職責を遂行する目的のために被疑者を追跡することはもとよりなしうるところであるから、警察官がかかる目的のために交通法規等に違反して車両で逃走する者をパトカーで追跡する職務の執行中に、逃走車両の走行により第三者が損害を被った場合において、右追跡行為が違法であるというためには、右追跡が当該職務目的を遂行する上で不必要であるか、又は逃走車両の逃走の態様及び道路交通状況等から予測される被害発生の具体的危険性の有無及び内容に照らし、追跡

の開始・継続若しくは追跡の方法が不相当であることを要するものと解すべきである。」と判示し、「追跡が不必要であるか」（追跡行為の必要性）、又は「追跡の開始・継続若しくは追跡の方法が不相当である」（追跡行為の相当性）という原判決とは異なる新たな規準を定立したのであった。

そして、この規準に照らして、（当該追跡の必要性の判断については、）

① Xは、速度違反行為を犯したのみならず、警察官の指示によりいったん停止しながら、突如として高速度で逃走を企てたものであって、いわゆる挙動不審者として速度違反行為のほかに他のなんらかの犯罪に関係があるものと判断し得る状況にあったこと。

② 本件パトカーに乗務する警察官は、Xを現行犯人として検挙ないし逮捕するほか挙動不審者に対する職務質問をする必要もあったということができること。

③ 警察官は逃走車両の車両番号を確認した上、県内各署に加害車両の車両番号、特徴、逃走方向等の無線手配を行い、追跡途中で「交通機動隊が検問開始」との無線交信を傍受したが、同車両の運転者の氏名等は確認できておらず、無線手配や検問があっても、逃走する車両に対しては究極的には追跡が必要になることを否定できないこと。

を挙げて「当時本件パトカーが加害車両を追跡する必要があったものというべき」であるとした。

次いで、（当該追跡の開始・継続若しくは追跡の方法の相当性の判断については、）

④ 本件パトカーが加害車両を追跡していた道路は、その両側に商店や民家が立ち並んでいる上、交差する道路も多いものの、その他に格別危険な道路交通状況にはないこと。

⑤ 東山交差点から雄山町交差点までは4車線、その後は2車線で歩道を含めた道路の幅員が約12メートル程度の市道であり、事故発生の時刻が午後11時ころであったというのであるから、逃走車両の運転の態様等に照らしても、パトカー乗務員において当時追跡による第三者の被害発生の蓋然性のある具体的な危険性を予測し得たものということはできないこと。

⑥　パトカーの追跡方法自体にも特に危険を伴うものはなかったということができること。

から、「追跡行為が違法であるとすることはできないものというべきである」と判断した。

そして、原審は本件パトカーの乗務員の追跡行為に伴う具体的危険性及び右追跡行為の必要性の有無についての判断を誤り、追跡は違法であったとした原審の判断には、法令の解釈適用の誤りがあり、右の違法が判決の結論に影響を及ぼすことは明らかであるとして、被上告人らの請求（損害賠償請求）を棄却したのであった。

なお、原判決に対して、特に問題とされた点について若干反論を試みる。

(1)　前記２富山地裁昭和57年４月23日判決(7)において原判決は、あえて追跡を継続しなくとも交通検問など他の捜査方法ないしは、事後捜査でも検挙可能ではないかと判示している点について

追跡を継続したことにつき、原判決はＳ巡査らがＸ車両がＵターン逃走する以前にすでに「同車の車両番号を確認しており、Ｕターン直後に同車の車両番号、車種、車色、逃走方向等について無線手配を行い、右手配に対し検問が開始されたとの無線を傍受していたし、また、東町交差点を左折直後、Ｘ車両の逃走方向を無線手配していた。」、「あえて追跡を継続しなくとも交通検問など他の捜査方法ないしは事後の捜査によりＸを検挙することも十分可能であったと認められる。」、「Ｓ巡査らがとった方法は、第三者の生命、身体に対し重篤な危害を加える可能性が極めて高い態様のものであり、しかも他の取締りの方法が十分考えられる。」と判示している。

原判決のいうように、果たして逃走車両の車両番号、車種、車色、逃走方向等について無線手配したのであれば、あえて追跡を継続しなくとも交通検問など他の捜査方法ないしは事後の捜査によりこれを検挙することも十分可能であったということができるのであろうか。この判示は実務に照らしても次の点で多いに疑問がある。

①　逃走車両を捕捉するためには、追跡をできるだけ継続しつつ、その逃走

方向を絶えず無線手配しなければ適切な交通検問を実施することはできない。無線を傍受して検問を開始したとしても、必ず検問場所を通過することはなく、空振りとなることもあり（本件での交通機動隊による検問は、Ｘ車が東町交差点を左折したために空振りとなっている。）、検問を開始したとしても、検問を突破する例も数多いこと。
② 車両番号を確認したといっても、特に逃走事案の多い夜間の場合は、運転者の人相、着衣等を識別することは極めて難しいこと。
③ 車両番号を確認したといっても、途中で乗り捨てて逃走したり、盗難車を利用することもあり、特に重大犯罪の場合は、盗難車や偽造ナンバーを使用しているため、車両番号の確認は、後日の検挙の手がかりとならない場合が多いこと。
④ 事後捜査では、凶器、盗品、覚せい剤等があった場合、証拠隠滅がなされて捜査に重大な影響を及ぼすことがあること。
⑤ 逃走車両の無線手配をしても、傍受した関係者がこれに対応して検挙体制をとるには相応の時間を要すること。

などを挙げることができる。本件では、Ｓ巡査において車両番号の確認や無線手配だけでは不十分と考え、東町交差点左折後も安全を確認しながら追跡を続行したことは、警察官としての職務の遂行上当然の行動であり、いずれの警察官でも追跡を続行したものといえる。この点に理解をよせながら、最高裁は「無線手配や検問があっても、逃走する車両に対しては究極的には追跡が必要になることを否定できない。」と判示しており、誠に正鵠を得た判断である。

⑵ 前記⑻において原判決は、Ｓ巡査らは、東町交差点を左折した時点で、直ちに追跡を中止する等の措置をとって第三者への損害の発生を防止すべき注意義務があったと判示している点について

原判決の判示のように、何ゆえに東町交差点以前の「国道」上における追跡には過失がなく同交差点左折後に過失があるのか、東町交差点左折後の「しののめ通り」（市道）においては、直ちに追跡を中止する等の措置を採るべきなのか、次の点からも理解することは困難である。

① パトカー乗務員としては、東町交差点左折以降の追跡続行により、Xが約1.7キロメートル離れた事故現場交差点に赤信号を無視し、時速約100キロメートルの高速度で何ら減速、停止等、事故回避の操作をすることなく突入し、本件事故を起こすことまで予見することは到底不可能である。

② 東町交差点左折後の「しののめ通り」（市道）は、追跡を開始することとなった国道よりもむしろ交通量が少なく、具体的危険の顕出も全くなかったものであること、また、必ずしも同通りを直進するとは限らず、同通りの交差点を右左折する可能性も否定できなかったことから、このような状況下で、東町交差点から追跡を中止しなければならないものとすれば、結果的には、追跡警察官が約1.7キロメートル先の状況を完全に把握していなければ追跡できないこととなる。

最高裁もこの点、「本件パトカーが加害車両を追跡していた道路は、その両側に商店や民家が立ち並んでいるうえ、交差する道路も多いものの、その他に格別危険な道路交通状況はなく、東山交差点から雄山町交差点までは4車線、その後は2車線で歩道を含めた道路の幅員が約12メートル程度の市道であり、事故発生の時刻が午後11時頃であったというのであるから、逃走車両の運転の態様等に照らしても、パトカー乗務員において当時追跡による第三者の被害発生の蓋然性のある具体的な危険性を予測し得たものということはできず、更に、本件パトカーの追跡方法自体にも特に危険を伴うものはなかったということができる。」と判示しているとおり、極めて妥当な判断であるといえる。

(3) 前記(8)において、原判決は、検挙を急ぐあまり注意義務（東町交差点を左折した時点で、直ちに追跡を中止する等の措置をとって第三者への損害の発生を防止すべき）を怠り、東町交差点左折後も少なくとも雄山町交差点付近まで時速約80キロメートルの高速度で至近車間距離で追跡を続行するという過失を犯した旨判示している点について

このようにS巡査らの過失として、「東町交差点左折後少なくとも雄山町交差点付近まで時速約80キロメートルの高速度で至近車間距離で追跡を継続」したことを挙げているが、至近車間距離とは、一般的には前車に衝突のおそれが

ある距離をさすと考えられるが、①Ｓ巡査らはそのような至近車間距離で「追跡を継続した事実はなく」、②雄山町交差点付近では300メートル以上も離れていたものであり、この時点での車間距離については検証調書で約321メートルであったことが明らかにされていること、③原判決の「Ｘは、東町交差点左折後、音羽町交差点付近で一旦は本件パトカーの追跡を振り切ったものと考えて時速約70キロメートルに減速した。」との判示にみられるように、振り切ったと思うほどに車間距離のあったことを認めているにもかかわらず、判文で「至近車間距離」で追跡を継続したことを挙げており、何をもって「至近車間距離」というのか疑問が感じられる。

　すると、本件事故は、Ｘ固有の注意義務懈怠（交差点を通過するに際し、前方の信号を注視し、それに対応した減速、停止等の措置をとるべきことを怠った。）にあり、追跡パトカーの全く管理、支配不能のところで一方的に惹起されたものと認められる。

(4) 前記(10)において原判決は、「Ｘは、東町交差点左折後、音羽町交差点付近で一旦は本件パトカーの追跡を振り切ったものと考えて時速約70キロメートルに減速したが、しばらくして後方に本件パトカーの赤色灯を認めて再び時速約100キロメートルに加速して逃走したために、本件事故を惹起したものであるから、Ｓ巡査らの右過失と本件事故との間には因果関係がある」と判示した点について

　本件パトカーがＸ車を見失い追跡を中止してから、Ｘ車が事故を起こすまでの本件パトカーとＸ車との位置、距離・時間関係について検証調書に基づくと、

・　雄山町交差点手前で本件パトカーがＸ車を見失ったその時の距離が約321メートルあること。

・　本件パトカーがＸ車を見失った地点からパトカーが事故現場付近で停止した地点までの距離は665メートル、時速約80キロメートルで追跡中、Ｘ車を見失いその後時速40キロメートルで進行したことから、その所要時間は約58.4秒を要すること。

・　本件パトカーがＸ車を見失い、追跡を中止した地点から、パトカーが事故

現場付近で停止した地点までの距離は632メートル、時速約40キロメートルで進行したことから、その所要時間は約56.9秒を要すること。

・ X車について、本件パトカーがX車を見失った時のX車の位置から事故現場までの距離は372.2メートル、X車が時速約90乃至100キロメートルで進行した場合の、その所要時間は約13.4秒乃至14.9秒を要すること。

・ すると、X車が交通事故を起こした後、本件パトカーが事故現場付近に到着したのは、約43.5秒乃至約45秒後のことであり、距離的には、

　　　・ X車が時速約90キロメートルで進行し交通事故を起こした場合の本件パトカーの位置は、約511.5メートル手前

　　　・ X車が時速約100キロメートルで進行し交通事故を起こした場合の本件パトカーの位置は、約528.1メートル手前

を進行していたこととなる。

つまり、これらの結果から、雄山町交差点手前でパトカーがX車を見失い、その時の距離が約321メートルあったこと、X車両を見失い追跡を中止していること、事故発生時にはパトカーの位置はX車と500メートル以上も離れていたことが明らかである（別添図面参照）。

しかし、これらの重要な要素につき、原判決は言及することなく、追跡と事故との因果関係ありとしていることに問題がある。

[別添図面]

逃走車Ｘが事故を起こすまでの本件パトカーと逃走車Ｘとの位置関係

①は、本件パトカーが逃走車Ｘを見失った地点

その時のＸ車の位置はＸ≫　①とＸ≫の距離は321メートル

②は、本件パトカーが追跡を中止した地点

③は、本件パトカーが事故現場付近で白煙を見た地点

④は、本件パトカーが停車した地点　⊗は、交通事故現場

Ｘ≫は、本件パトカーが逃走車Ｘを見失った時の逃走車Ｘの位置

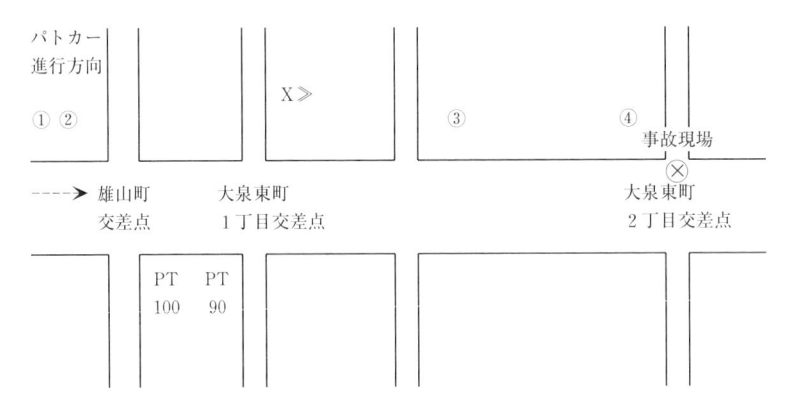

```
パトカー
進行方向
 ①②              Ｘ≫              ③              ④
                                                    事故現場
                                                     ⊗
---→ 雄山町      大泉東町                        大泉東町
     交差点      １丁目交差点                    ２丁目交差点

              PT  PT
              100 90
```

○　本件パトカーの①から④までの距離は665メートル、それまでに要した時間は、約58.4秒

　　［内訳］①から②まで33メートルあり、時速約80キロメートルで進行した場合の所要時間約1.5秒

　　　　　　②から④まで632メートルあり、時速約40キロメートルで進行した場合の所要時間約56.9秒

○　逃走車Ｘについて本件パトカーがＸ車を見失った時の位置・Ｘ≫から事故現場⊗までの距離は372.2メートル、それまでに要した時間は、約13.4秒ないし14.9秒

　　［内訳］Ｘ≫から事故現場⊗まで372.2メートルあり、時速約100キロメートルで進行した場合の所要時間約13.4秒

　　　　　　Ｘ≫から事故現場⊗まで372.2メートルあり、時速約90キロメー

トルで進行した場合の所要時間約14.9秒

○ 逃走車Xが⊗で交通事故を起こした後、本件パトカーが事故現場付近④に到着したのは、
　　　・X車が時速約90キロメートルで進行した場合は、約43.5秒後
　　　・X車が時速約100キロメートルで進行した場合は、約45.0秒後
○ PT90は、逃走車Xが時速約90キロメートルで進行し、交通事故を起こした場合の本件パトカーの位置で、事故現場より約511.5メートル手前の位置
○ PT100は、逃走車Xが時速約100キロメートルで進行し、交通事故を起こした場合の本件パトカーの位置で、事故現場より約528.1メートル手前の位置
　　つまり、
○ X車は東町交差点を左折後、本件パトカーを振り切ったものと思い、その認識の下に進行し、事故現場交差点に差しかかった際、前方不注視と事故回避操作の不適切により本件事故を惹起したものであること。
○ 本件パトカーは、雄山町交差点手前においてX車を見失い、追跡を中止しているのであるから、その後どのように走行するかは、X自身の意思と判断及び運転技術にゆだねられることであり、これはパトカー乗務員によっては、いささかでも管理、支配することは不可能であったこと。
○ 本件パトカーは途中で追跡を中止し、事故発生時にはX車の後方500メートル以上の地点を進行していたにすぎないものであることから、この点について何ら理由を付することなく、S巡査らの追跡と事故との間に因果関係を肯定したことは疑問といえるのである。

　なお、最高裁は、因果関係の有無には言及することなく、本件パトカーによる追跡の必要性・相当性を認め、「追跡行為が違法であるとすることはできない。」として被上告人の請求を棄却しており、因果関係に関する立場は判然としない。

　かくして、最高裁第一小法廷判決が示したこの違法性判断の規準は、No.2からNo.6に見られるように同様な損害賠償請求事件にも大きな影響を及ぼし、裁判実務上も定着するに至っているのである。

No. 2 白バイに追跡された交通違反車両(自動二輪車)が逃走中に第三者(自転車)と衝突、死亡させた事故につき、追跡行為に違法性はないとされた事案

<東京地裁昭和61年7月22日判決(その後控訴棄却・確定 判時No. 1204)>

__要　旨__
① およそ警察官は、異常な挙動その他周囲の事情から合理的に判断してなんらかの犯罪を犯したと疑うに足りる相当な理由のある者を停止させて質問し、また、現行犯人を現認した場合には速やかにその検挙又は逮捕に当たる職責を負うものであって(警察法2条、65条、警察官職務執行法2条1項)、右職責を遂行する目的のために被疑者を追跡することはもとよりなし得るところである。
② 警察官がかかる目的のために交通法規等に違反して車両で逃走する者を白バイで追跡する職務の執行中に、逃走車両の走行により第三者が損害を被った場合において、右追跡行為が違法であるというためには、右追跡が当該職務目的を遂行する上で不必要であるか、又は逃走車両の逃走の態様及び道路交通状況等から予測される被害発生の具体的危険性の有無及び内容に照らし、追跡の開始・継続若しくは追跡の方法が不相当であることを要するものと解すべきである。
③ T(逃走自動二輪車)は、ヘルメット着用義務違反の上、警察官の接近に気付くや否や突然赤色信号を無視して高速度で逃走するなど、単に道交法違反者というにとどまらず、挙動不審者として他の何らかの犯罪に関係があるものとの疑いをかけられてしかるべき行動を取ったのであるから、I巡査部長らにおいてTを道交法違反の現行犯人として検挙するほか挙動不審者としてこれに対する職務質問をする必要があったということができる。
④ また、I巡査部長らは、加害車両の車両番号の確認もできていなかったのであるから、加害車両の追跡を開始し、これを継続する必要があったものというべきである。

⑤　本件白バイが加害車両を追跡した道路は、その両側に会社や商店等が立ち並んでいる上、交差道路もあるが、格別危険な道路交通状況にはなく、本件事故現場手前約40メートルの地点までは直線で見通しもよく、進路右側には幅員2メートルないし4メートルの歩道があり、車道幅員は6.6メートルであって、当時の交通量もさほどのものではなく、天候は晴天であったのであるから、本件白バイの追跡行為により、直接、又は被追跡者の暴走等により間接に第三者に対する被害発生の蓋然性のある具体的危険性を予測し得たものとは認め難い。

⑥　さらに、本件白バイは、追跡開始当初1回のみサイレンを吹鳴しただけでその後は吹鳴せず、マイクも使用していないが、本来緊急自動車のサイレン吹鳴は同車が一般車両と異なり、道交法規の適用を排して優先通行をする場合にこれに対する警告のためにされるものであって、他の危険車が存在することを通行人等に警告するためにされるものではないから、白バイが追跡行為継続中常にサイレンを吹鳴しなければならないものではなく、また、本件道路状況及び本件事故発生直前の追跡目的、状況からすれば、サイレンの吹鳴、あるいはマイクを使用しての追跡を義務づけるような特段の事情は認められないから、サイレンの吹鳴、マイクの使用をしていなかったことをもって直ちに不相当な追跡行為とまではいえない。

⑦　よって、Ｉ巡査部長らの追跡行為は、その開始・継続若しくは追跡の方法のいずれにも不相当な点はなく、違法であるとは認められない。

◆ 事案の概要 ◆

①　警視庁Ｋ警察署Ｉ巡査部長及びＳ巡査は、昭和59年9月25日、全国交通安全運動の一環として白バイに乗務して自動二輪車に対する指導取締りのため、同日午後3時38分ころ、江戸川区西端江2丁目先路上を西端江1丁目方面から今井街道方面に向けて警ら中、江戸川区西端江2丁目38番地先信号機が設置してある交差点（以下「本件交差点」という。）にさしかかった。

② すると、I巡査部長らは、本件交差点で赤色信号のため停車していたT運転の自動二輪車及び同乗者M（以下「T車」という。）がともにヘルメットを着用していなかったため、注意指導を与えるため近づいたところ、T車は前方信号機が赤色を表示しているにもかかわらず、突然発進し、本件交差点を左折して逃走を始めたため、これを道路交通法違反（信号無視、ヘルメット着用義務違反）者として検挙するため、それぞれサイレンを1回吹鳴し、赤色灯を点灯して追跡を開始した。

③ しかし、追跡を開始した時点では、T車と本件白バイとの車間距離は約50メートルほどであったが、T車が周囲の交通情況を無視して駐車、走行車両脇を無謀にすり抜けるなどして時速約80キロメートルもの速度で暴走していったため、本件白バイはひき離されていった（なお、I巡査部長らは、本件交差点でT車に近づいていった際はT車後方の信号待ちの停車車両により、本件交差点を左折後はT車との車間距離があったため、ナンバーは確認できなかった。）。

④ I巡査部長らは、更に約140メートルほど追跡を継続したが、同区西端江2丁目37番地先の交差点付近にさしかかった地点で、なお高速逃走するT車と150メートルないし160メートルの差がついたため追跡による検挙は断念し、本件交差点左折後、約220メートルないし230メートルほど走行した地点では、道路が右にゆるく曲がっていてT車の姿が視認できなくなったため、赤色灯の点灯を中止した。

⑤ 他方、T車は、本件交差点で本件白バイを認め、無免許運転が発覚して逮捕されるのを恐れ、交差点信号が赤色であるにもかかわらず、急発進して同交差点を左折し、本件道路を京葉道路方面から江戸川土手方面に逃走を始め、本件白バイの追跡を振り切って逃げようと考え、本件交差点を左折直後エンジンをふかし、最高速度が時速20キロメートルに制限されている本件道路を時速約80キロメートルで走行したところ、約50メートル後方からサイレンを吹鳴し、本件白バイが追跡してくるのを確認したため、更に加速して時速約85キロメートルで約420メートルほど疾走して、本件事故現場（江戸川区西端江3丁目5番地先路上）付近に至った際、前方左側に駐車していたワゴン

車を避けようとして対向車線にはみ出して走行したところ、約23メートル前方に対向車線を自車とは反対に京葉道路方面に進行してくるY乗用（当時10歳の少年）の自転車を発見し、急制動の措置をとったが、間に合わず、これに衝突し、Yを自転車もろとも路上に転倒させ、頭、胸、腹腔内臓器損傷の傷害を与え、これにより同日午後5時28分ころ死亡させた。

⑥　I巡査部長らは、そのままT車の逃走方向である江戸川土手方面に走行していったところ、本件事故発生を確認したものであった。

⑦　本件交差点から江戸川土手方面に至る本件道路は、車道幅員が6.6メートルのアスファルト舗装であって、江戸川土手方面に向かって右側には植込みにより区分された幅員2メートルないし4メートルの有蓋歩道があり、車道中央には白実線（一部点線）標示により上下線を区分した中央線があるほか、終日駐車禁止の規制がされている。

⑧　また、本件道路は、本件交差点から本件事故現場手前約40メートルの地点までは、ほぼ直線で見通しがよく、道路の左右には会社及び商店等の建物が立ち並んでおり、また本件交差点から本件事故現場までは信号機の設置された交差点が二か所ある。

　なお、本件事故現場手前約40メートルの地点から江戸川土手方面の本件道路は向かって右側にゆるやかに曲がり、本件事故現場を少し過ぎたところから更に左にカーブしている。したがって、本件交差点から江戸川土手方面に進行した場合には、本件事故現場手前約40メートルの地点から江戸川土手方面は少し見通しが悪くなっており、I巡査部長らも、このためにT車を一時見失う状態になったものである。

⑨　本件道路の交通の程度は、頻繁ではなく、本件事故直後も5分間に7台程度の自動車の往来があった程度である。また、事故当日の天候は、晴天であった。

◆ 原告の主張 ◆

警察官両名は、追跡に当たって加害車の暴走により第三者に危害が生じないよう配慮すべき職務上の注意義務があったところ、本件追跡においては、その当初から本件事故発生直前に至るまで、加害車両が通行量の多い本件道路を時

速80キロメートルを超える速度で既に500メートルも暴走し続けており、このまま追跡を継続すれば加害車両による第三者への危険の発生が予見されたのであるから、更に追跡を継続するからには、サイレンの吹鳴あるいはマイクの使用等適宜の方法により、第三者に対し、右危険の発生につき注意を喚起すべき注意義務があるにもかかわらず、追跡開始当初にサイレンを1回吹鳴し、赤色灯を点灯したのみで、マイクを使用することもなく追跡を継続したため、被害者Yが暴走してくるT車に気づかず、これに衝突されるに至ったもので、本件事故は、警察官らの違法な追跡行為によって発生したものというべきである。また、警察官らは、本件事故発生の具体的危険を予見し得る状況にあり、したがって、職務上の注意義務を履行し得たのにこれを怠ったものであるから、過失により違法な追跡行為を継続し、本件事故を発生させたなどと主張した。

◆ 判決の内容 ◆

進んで、国賠法1条に基づく被告の責任について判断する。

1 およそ警察官は、異常な挙動その他周囲の事情から合理的に判断してなんらかの犯罪を犯したと疑うに足りる相当な理由のある者を停止させて質問し、また、現行犯人を現認した場合には速やかにその検挙又は逮捕に当たる職責を負うものであって（警察法2条、65条、警察官職務執行法2条1項）、右職責を遂行する目的のために被疑者を追跡することはもとよりなしうるところであるから、警察官がかかる目的のために交通法規等に違反して車両で逃走する者を白バイで追跡する職務の執行中に、逃走車両の走行により第三者が損害を被った場合において、右追跡行為が違法であるというためには、右追跡が当該職務目的を遂行する上で不必要であるか、又は逃走車両の逃走の態様及び道路交通状況等から予測される被害発生の具体的危険性の有無及び内容に照らし、追跡の開始・継続若しくは追跡の方法が不相当であることを要するものと解すべきである。

2 右1の見地に立って本件をみると、前記認定の事実によれば、㈠Tは、ヘルメット着用義務に違反していたうえ、警察官の接近に気付くやいなや突然赤色信号を無視して高速度で逃走するなど、単に道交法違反者というにとど

まらず、挙動不審者として他の何らかの犯罪に関係があるものとの疑いをかけられてしかるべき行動を取ったのであるから、Ｉ巡査部長及びＳ巡査においてＴを道交法違反の現行犯人として検挙するほか挙動不審者としてこれに対する職務質問をする必要があったということができ、また、右Ｉ巡査部長らは、加害車両の車両番号の確認もできていなかったのであるから、警察官として加害車両の追跡を開始し、これを継続する必要があったものというべきであり、㈡また、本件白バイが加害車両を追跡した本件道路は、その両側に会社や商店等が立ち並んでいるうえ、交差する道路もあるが、格別危険な道路交通状況にはなく、本件事故現場手前約40メートルの地点までは直線で見通しもよく、進路右側には幅員2メートルないし4メートルの歩道があり、車道の幅員は6.6メートルであって、当時の交通量もさほどのものではなく、天候は晴天であったのであるから、本件白バイの追跡行為により、直接、又は被追跡者の暴走等により間接に第三者に対する被害発生の蓋然性のある具体的危険性を予測しえたものとは認め難く、㈢さらに、本件白バイは、追跡開始当初1回のみサイレンを吹鳴しただけでその後は吹鳴せず、マイクも使用していないが、本来緊急自動車のサイレン吹鳴は同車が一般車両と異なり、道交法規の適用を排して（道交法39条ないし41条）優先通行をする場合にこれに対する警告のためにされるものであって、他の危険車が存在することを通行人等に警告するためにされるものではないから、白バイが追跡行為継続中常にサイレンを吹鳴しなければならないものではないし、また、本件道路状況及び前記認定の本件白バイの本件事故発生直前の追跡目的、状況からすれば、サイレンを吹鳴し、あるいはマイクを使用しながらの追跡行為を義務づけるような特段の事情は認められないから、サイレンの吹鳴、マイクの使用をしていなかったことをもって直ちに不相当な追跡行為とまではいえない、というべきである。なお、本件白バイが追跡行為を中止した旨加害車両に告知すべき義務のないことはいうまでもない。

3　よって、Ｉ巡査部長及びＳ巡査の本件白バイによる追跡行為は、その開始・継続若しくは追跡の方法のいずれにも不相当な点はなく、違法であるとは認められないから、その余について判断するまでもなく、被告には、国賠法1

条に基づき本件事故によって生じた損害を賠償すべき責任はないものといわざるをえない。

●解　説●

　本件は、白バイが信号無視・ヘルメット着用義務違反の自動二輪車を現認し追跡を開始したところ、二輪車は無免許運転の発覚をおそれて逃走する途中、対向する自転車（第三者）に衝突、死亡させた交通事故につき、死亡した自転車乗用者（当時10歳の少年）の両親が東京都〈警視庁〉側に総額2,000万円余の損害賠償を請求した事件で、東京地裁（昭和61年7月22日判決）は、（公刊物でみる限り）初めてNo.1で紹介した最高裁判例を引用した上で、白バイに追跡の必要性を認め、かつ、追跡の開始・継続若しくは追跡の方法のいずれにも不相当な点はなく、違法であるとは認められず、損害賠償責任はないとして原告の請求を棄却した事案である。

　被告である東京都〈警視庁〉側は、《原告の主張》に対して、最高裁判例の掲げた規準に照らして、追跡行為の適法性について次のように反論した。

1　被告（東京都〈警視庁〉）の主張

　I巡査部長らは、本件交差点において、赤色灯火の信号に従って停車中の加害車両の運転者であるT及び同乗者がヘルメットを着用していない（道路交通法71条の3、1項〔現71条の4、1項〕）のを現認したので、交通事故防止及びヘルメットの着用を注意指導するため、加害車両に接近したところ、Tが振り返るや否やいきなり赤色信号を無視して加害車両を急発進させ、本件交差点を左折し、江戸川土手方面に逃走した。

　そこで、I巡査部長ら2名は、Tを信号遵守義務（道路交通法7条、119条1項1号の2）及びヘルメット着用義務の各道交法違反のほかにいわゆる挙動不審者として他に何らかの犯罪に関係があるものと判断し、同人を検挙するほか、挙動不審者に対する職務質問が必要であると判断し、直ちに本件白バイの赤色灯を点灯させ、かつ、サイレンを吹鳴して加害車両の追跡を開始したもので、本件追跡行為の開始及び継続は、当該職務目的を遂行する上で必要不可欠

であった。

また、Ｉ巡査部長らが加害車両を追跡した本件道路は、車道幅員約6.6メートルで更に歩道が設けられている上、昼間帯で交通量も少なく、特別危険な道路交通状況にはなく、右追跡方法の相当性のほか、被追跡者たるＴの運転態様に照らしても、第三者の被害発生の具体的危険性は予見できなかったのであるから、Ｉ巡査部長らの本件追跡行為の開始、継続には何らこれを違法とすべき点はない。

2　本判決

No.1で紹介した最高裁第一小法廷昭和61年2月27日判決は「パトカーによる追跡を受けて車両で逃走する者が惹起した事故により第三者が損害を被った場合において、右追跡行為が国家賠償法1条1項の適用上、違法であるというための要件」として「およそ警察官は、異常な挙動その他周囲の事情から合理的に判断してなんらかの犯罪を犯したと疑うに足りる相当な理由のある者を停止させて質問し、また、現行犯人を現認した場合には速やかにその検挙又は逮捕に当たる職責を負うものであって（警察法2条、65条、警察官職務執行法2条1項）、右職責を遂行する目的のために被疑者を追跡することはもとよりなしうるところであるから、警察官がかかる目的のために交通法規等に違反して車両で逃走する者をパトカーで追跡する職務の執行中に、逃走車両の走行により第三者が損害を被った場合において、右追跡行為が違法であるというためには、右追跡が当該職務目的を遂行する上で不必要であるか、又は逃走車両の逃走の態様及び道路交通状況等から予測される被害発生の具体的危険性の有無及び内容に照らし、追跡の開始・継続若しくは追跡の方法が不相当であることを要するものと解すべきである。」との規準を定立したが、本判決は本規準をそのまま引用して、追跡の必要性及び相当性について初めて事例判断したケースであり、極めて意義深いものといえる。

そこで、本判決が、本件追跡の必要性及び相当性について、どのように事例判断したか見てみよう。

(1) 追跡の必要性
　ア　T（自動二輪車運転者・逃走車両）は、ヘルメット着用義務に違反していた上、警察官の接近に気付くや否や突然赤色信号を無視して高速度で逃走するなど、単に道交法違反者というにとどまらず、挙動不審者として他の何らかの犯罪に関係があるものとの疑いをかけられてしかるべき行動を取った。
　イ　I巡査部長らにおいてTを道交法違反の現行犯人として検挙するほか挙動不審者としてこれに対する職務質問をする必要があったということができる。
　ウ　I巡査部長らは、逃走車両の車両番号の確認もできていなかったのであるから、警察官として追跡を開始し、これを継続する必要があった。

(2) 追跡の相当性
　ア　I巡査部長らが本件白バイで追跡した道路は、その両側に会社や商店等が立ち並んでいる上、交差する道路もあるが、格別危険な道路交通状況にはなく、本件事故現場手前約40メートルの地点までは直線で見通しもよく、進路右側には幅員2メートルないし4メートルの歩道があり、車道の幅員は6.6メートルであって、当時の交通量もさほどのものではなく、天候は晴天であったのであるから、本件白バイの追跡行為により、直接、又は被追跡者の暴走等により間接に第三者に対する被害発生の蓋然性のある具体的危険性を予測し得たものとは認め難い。
　イ　本件白バイは、追跡開始当初1回のみサイレンを吹鳴しただけでその後は吹鳴せず、マイクも使用していないが、本来緊急自動車のサイレン吹鳴は同車が一般車両と異なり、道交法規の適用を排して（道交法39条ないし41条）優先通行をする場合にこれに対する警告のためにされるものであって、他の危険車が存在することを通行人等に警告するためにされるものではないから、白バイが追跡行為継続中常にサイレンを吹鳴しなければならないものではない。
　ウ　本件道路状況及び本件白バイの本件事故発生直前の追跡目的、状況か

らすれば、サイレンを吹鳴し、あるいはマイクを使用しながらの追跡行為を義務づけるような特段の事情は認められないから、サイレンの吹鳴、マイクの使用をしていなかったことをもって直ちに不相当な追跡行為とまではいえない。

エ　I巡査部長らの追跡行為は、その開始・継続若しくは追跡の方法のいずれにも不相当な点はなく、違法であるとは認められない。

　本判決の認定した本件事故が発生するまでの経過に照らすならば、妥当な判決であるといえる。
　また、本判決は、緊急自動車のサイレン吹鳴の趣旨、つまり道交法規の適用を排して（道交法39条ないし41条）優先通行をする場合にこれに対する警告のためにされるものであって、他の危険車が存在することを通行人等に警告するためにされるものではないこと、追跡行為継続中、常時サイレン吹鳴をしなければならないものではないことを明らかにし、したがって、追跡開始当初1回のみサイレンを吹鳴しただけでその後は、サイレンの吹鳴、マイクの使用をしていなかったことをもって直ちに不相当な追跡行為とまではいえないと言及しているが、極めて正鵠を得た判断といえる。
　なお、I巡査部長らは、途中で追跡を中止していたため、被告（東京都〈警視庁〉）側は本件事故発生との因果関係の不存在を主張したことから、これについても問題となった。
　一般的には、白バイ等による追跡の契機となるのは、いうまでもなく各種交通（法令）違反を現認し停止を求めたが、これに応じないときであり（他の重大な犯罪の発覚を免れるなどの理由から）、その後加速逃走中に更に違反を重ねるという経過をたどるが、追跡中の白バイ等において追跡が困難と判断し追跡を中止した以上、逃走車両がどのように走行するかは、逃走者の任意の意思と判断にゆだねられることであり、白バイ等乗務員においてこれらを管理支配することは不可能であるから、因果関係は認められないとも考えられる。
　しかし、裁判例をみると、追跡中止後の逃走車両の事故につき、因果関係を認めているものが多いので、注意を要する。

それでは、まず被告（東京都〈警視庁〉）側の主張をみることとする。

(1) 被告（東京都〈警視庁〉）側の主張
　Ｉ巡査部長らは、追跡開始から約140メートルほど加害車を追ったが、Ｔが時速80キロメートルないし90キロメートルもの高速で逃走したこと、他方同巡査部長らは、他の通行車両への安全を配慮しつつ走行したことなどから、加害車両との車間距離が150メートルないし160メートルに開き、これ以上追跡したとしても加害車両を停止させることは不可能と判断し、追跡を中止した。本件事故は、その後に発生したものであるから、本件追跡行為ないし本件白バイの運行とは何ら因果関係がない。
　仮に、本件事故がなお本件追跡との間に発生したものであるとしても、追跡が当該職務目的を遂行する上で必要なものであり、また逃走車両の逃走の態様及び道路交通状況等に照らして被害発生の具体的危険性はなく、かつ、追跡の開始、継続及び方法が相当であったのであるから、違法な職務執行により本件事故を発生させたものでないことは明らかである。

(2) 因果関係を認める裁判所の判断
　被告は、本件追跡行為は途中で中止されているとして、本件事故発生との因果関係を争うので、この点につき判断する。
　本件白バイは、加害車両を追跡開始後間もなく、駐車、走行車両に妨害されるなどのため、高速で走行していく加害車両にひき離され、かつ、本件道路が右カーブしていたため、加害車両を見失い、そのため赤色灯の点灯を中止するなどしているが、加害車両の動向の確認等の目的のために、その後も更に本件道路を加害車両が逃走した方向へ走行していったものと推認するのが相当である。《証拠略》中のＩ巡査部長の追跡行為を断念した旨の供述部分も、前記認定事実に照らすと、およそ追跡行為自体を中止したというのではなく、検挙を目的とする緊急追跡行為を断念したという趣旨に解するのが相当である。また、前記認定の事実によれば、Ｔは、本件白バイの追跡を振り切って逃走しようとして本件交差点を左折し約470メートルを時速約80キロメートルないし85キロ

メートル（秒速約22メートルないし23メートル）で走行したもので、途中約50メートル後方を見た際、本件白バイが追跡しているのを確認しているのであるから、右の直後で、右地点から約400メートルくらいしか離れていない本件事故現場付近においては、Ｔがなお本件白バイの追跡が続行されていると思って走行していたことは優に推認できるところである。

したがって、本件事故が本件追跡行為の中止後に発生したもので、本件事故との間に因果関係がないとする被告の主張は採用し難く、本訴請求との関係では、本件事故は、なお本件追跡行為が継続しているうちに発生したものと認めるのが相当というべきである。

（しかし、本件事故と追跡行為との間の因果関係を認めつつも、本件追跡の必要性、相当性を踏まえ、追跡行為に何ら違法はないとしたことは、解説のとおりである。）

このように白バイが追跡を断念、中止した後に、逃走車両が起こした事故について、先行した追跡行為と逃走車両の起こした事故との間の因果関係の存否を考える上で、①追跡中の白バイ及び逃走車両との相互の距離及び速度、②追跡距離と追跡時間、③逃走態様、④白バイが追跡を中止した際の両車の距離及び速度、⑤その後どのような経過時間・距離を経て、逃走車両が事故を起こしたか、また⑥逃走中の逃走者の主観的事情など確定しなければならない諸要素があるため、中止後の事故だからといって因果関係はないと即断できない問題があることを念頭におく必要がある。

実務的には、これらの①から⑥について、追跡に当たった警察官や被疑者、目撃者の供述等を踏まえ、実況見分で確定した上で、因果関係を判断することとなる。

こうして本判決は、№1で紹介した最高裁の判断規準に依拠しながら、白バイの追跡行為の違法性の有無を判断した最初のものであるだけに、重要な意義を有するものといえる。

なお、本判決に対して、原告（死亡したＹの両親）から東京高等裁判所に控訴がなされたが、東京高裁は昭和62年5月27日、控訴人の控訴を棄却し、本判決が確定した。

No.3 パトカーに追跡された自動二輪車が対向車と衝突し自動二輪車の運転者と同乗者が死亡した事故につき、追跡行為に違法性はないとされた事案

＜前橋地裁昭和63年9月26日判決（請求棄却・確定）判例自治52号75頁ほか＞

---要　旨---

① およそ警察官は、異常な挙動その他周囲の事情から合理的に判断してなんらかの犯罪を犯したと疑うに足りる相当な理由のある者を停止させて質問し、また、現行犯人を現認した場合には速やかにその検挙又は逮捕に当たる職務を負うものであって（警察法2条、65条、警察官職務執行法2条1項）、右職務を遂行する目的のために被疑者を追跡することはもとよりなし得るところである。

② 警察官がかかる目的のために交通法規等に違反して車両で逃走する者をパトカーで追跡する職務の執行中に、逃走車両の走行により第三者が損害を被った場合において、右追跡が違法であるというためには、右追跡が当該職務目的を遂行する上で不必要であるか、又は逃走車両の逃走の態様及び道路交通状況等から予測される被害発生の具体的危険性の有無及び内容に照らし、追跡の開始・継続若しくは追跡の方法が不相当であることを要する。

③ Kは信号無視をしたのみならず、同乗のNはカバンでナンバープレートを隠すような動作をしており、両名は本件パトカーの停止の命令にも従わず高速度で逃走しており、いわゆる挙動不審者と認められ、赤信号無視の違反行為のほか、他になんらかの犯罪に関係があるとの疑いをかけられても不自然でない状況にあった。

④ パトカー乗務の警察官としては、Kらを現行犯人として検挙ないし逮捕するほか、挙動不審者として職務質問する必要があったものというべきで、その追跡を開始し、これを継続する必要性が存在した。

⑤ N（同乗者）はナンバープレートを隠すようにしており、警察官は車両番号の確認ができず、車両の正確な特定が不可能であったもので、こ

の時点で無線手配をせず、まず追跡を開始し、継続したとしても、これをもって、直ちに不相当な追跡行為とは認められない。
⑥　パトカーがK車（自動二輪車）を追跡した道路状況は、すべて見通しのよい直線道路ではなく、前方で緩やかにカーブしている上建物の陰などで見通しが悪く、かつ、道路幅も狭くなっていたが、交通量は少なく、むしろ追跡中は他の車両は走行していなかったから、追跡によって被害が発生するとの具体的危険性は予測できなかった。
⑦　パトカーは当初、マイクで停止を命じていること、追跡距離が約300メートルないし400メートルであったことなどに照らすと、追跡行為が不相当であったとは認められない。
⑧　よって、パトカーによるK車の追跡行為は、その開始・継続・中止に至るまでなんら違法な点はなく、その方法においても不相当であったとは認められない。

◆ 事案の概要 ◆

①　M警察署T及びSの両巡査部長は、昭和59年6月16日午前7時ころ、警察署管内の主要路線の交通安全広報、交通指導取締りのため、警ら用無線自動車（以下「本件パトカー」という。）に乗車して（T巡査部長が運転、S巡査部長が助手席）同署を出発し、前橋市朝倉町等を経て、県道藤岡・大胡線を富田町方面に向かい北進して、同日午前8時12分ころ、帰署する予定で前橋市富田町1215番地先交差点（以下「本件交差点」という。）にさしかかり、これを青信号に従って、左折しようとしていた。
②　その時、本件交差点を江木町方面から荒子町方面に向け、黒色の学生服上下、緑色のヘルメットを被った学生風の男Kが運転し、後部座席に白ワイシャツ、黒ズボンで黒カバンを持った同じ学生風の男Nを乗せ、しかも後部座席の男が片手のカバンでナンバープレートを隠すようにして2人乗りした赤色中型の自動二輪車（以下「K車」という。）が赤色信号を無視して時速約10キロメートルで進入し、そのまま大胡町方面に左折して北上するのを現認し

た。

③　T巡査部長らは、同二輪車が信号無視の上、ナンバープレートを隠すような様子であったため不自然に思い、本件パトカーの助手席にいたS巡査部長はマイクで「前のバイク止まりなさい」と呼び掛けたところ、学生風の男Kらは後ろを振り返り、パトカーと知るや加速して逃走しはじめた。

④　このため、T巡査部長らは盗難車かもしれないなどの疑いをもち、これを停車させ、職務質問するため、赤色灯を点灯し、サイレンを吹鳴し、前照灯を点灯して緊急走行に移り、時速約70キロメートル前後にして追跡を開始した。

⑤　ところが、学生風の男Kらは、途中後ろを振り返ったが、推定約80キロメートルに加速しなお逃走したため、本件パトカーもこれを追って追跡したが、本件交差点より約300メートルないし400メートルのところでその差は約70メートルとなり、ますます離されるばかりであった。

⑥　このため、T巡査部長らはこのままでは捕捉が困難である上、道路前方はゆるく右にカーブし、かつ、道路幅員が狭くなるため追跡をあきらめて、本件パトカーの赤色灯及び前照灯のスイッチを切り、サイレンの吹鳴を中止し、減速して通常走行に戻した。

⑦　そして、途中で左折して帰署するつもりで、そのまま走行していたところ、右側ドア部分に損傷が認められ、後輪もパンクしている普通乗用自動車が対向車線を異常走行してきて前方に停車し、本件事故の発生を告げたため、T巡査部長らは前橋市富田町88番地先路上の本件事故現場へ駆けつけ、2名の男（K及びN）がバイクから投げだされて転倒し、1名は死亡し、更に1名も瀕死の状態（間もなく死亡）であることを現認した。

⑧　K及びNは県立高校に在学しており、本件事故当日、Nは登校のため、午前8時15分前ころ、前橋市西大室町の自宅を自転車に乗って出発した。その後、KがNの家を訪ねたが、出発後のためそのまま登校した。

⑨　そして、両名は午前8時過ぎころ、いずれかの場所で合流し、Nは乗ってきた自転車を本件交差点より西へ約200メートル先の自動販売機脇に置き、K運転の自動二輪車の後部座席に乗り、午前8時12分ころ、登校経路とは逆

の方向に向けて、本件交差点付近を走行して、本件パトカーに追跡されたものである。
⑩　そして、Kは、当時無免許であり、その運転していた自動二輪車は無登録でナンバーもなく、無保険であった。
⑪　本件で追跡のなされた道路は、大胡方面と小島田方面とを結ぶ南北の中央線の引かれた片側1車線の県道で、その制限速度は時速40キロメートルであり、本件交差点より北へやや上りぎみで、北へ約400メートルないし500メートルまではほぼ直線で見通しがよく、その先は緩やかに右へカーブするため、見通しは悪く、更に、その先前方には民家の土蔵が張り出していることから、見通しが余りよくなく、道路幅も狭くなっていた。

◆　原告の主張　◆

　原告は、被告が追跡した道路状況は片側1車線で、当時は通勤時間帯のため両車線とも混雑し、また、本件事故現場付近は道路が大きくカーブし、道路西側端に物置があるため、前方の見通しが悪く、K車側車線を走行する車は対向車線にはみ出して進行せざるを得ず、平素からそのような車の運行がなされている場所であったとして、そのような道路状況に加え、K車（逃走自動二輪車）は本件パトカーの追跡を振り切るため高速度で走行しておりパトカーの追跡によって事故発生の具体的危険性が十分予測でき、このような場合、取締り目的より事故防止を優先させ、サイレン吹鳴や追跡を中止し、又は他のパトカーに無線連絡して、はさみうちするなどの方法をとり、事故発生を防止すべき義務があったにもかかわらず、これを怠り漫然と追跡をした過失により、本件事故を誘発させたと主張した。

◆　判決の内容　◆

　そこで、原告の主張する被告の責任について判断する。
1　およそ警察官は、異常な挙動その他周囲の事情から合理的に判断してなんらかの犯罪を犯したと疑うに足りる相当な理由のある者を停止させて質問し、また、現行犯人を現認した場合には速やかにその検挙又は逮捕に当たる職務

を負うものであって（警察法2条、65条、警察官職務執行法2条1項）、右職務を遂行する目的のために被疑者を追跡することはもとよりなしうるところであるから、警察官がかかる目的のために交通法規等に違反して車両で逃走する者をパトカーで追跡する職務の執行中に、逃走車両の走行により第三者が損害を被った場合において、右追跡が違法であるというためには、右追跡が当該職務目的を遂行する上で不必要であるか、又は逃走車両の逃走の態様及び道路交通状況等から予測される被害発生の具体的危険性の有無及び内容に照らし、追跡の開始・継続もしくは追跡の方法が不相当であることを要するものと解すべきである（最高裁昭和61年2月27日第一小法廷判決）。

2 これを本件についてみると、前認定の事実によれば、Kは信号無視をしたのみならず、同乗のNはカバンでナンバープレートを隠すような動作をしており、両名は本件パトカーの停止の命令にも従わずに高速度で逃走しだしており、いわゆる挙動不審者と認められ、赤信号無視の違反行為のほか、他になんらかの犯罪に関係があるとの疑いをかけられても不自然でない状況にあったというべきで、本件パトカーに乗務する警察官としては右Kらを現行犯人として検挙ないし逮捕するほか、挙動不審者として職務質問をする必要があったものというべきで、その追跡を開始し、これを継続する必要性が存在したというべきである。

　原告らは、Tら警察官が無線で他のパトカーに連絡してはさみうちするなどの方法もとるべきであったと主張するが、前認定のとおり、Nはナンバープレートを隠すようにしており、右Tらは車両番号の確認ができず、車両の正確な特定が不可能であったもので、この時点で無線手配をせず、まず本件の如く追跡を開始し、継続したとしても、これをもって、直ちに不相当な追跡行為とは認められない。

　更に、本件パトカーがK車を追跡した道路状況は、前認定のとおり、全て見通しのよい直線道路ではなく、前方で緩やかにカーブしているうえ建物の陰などで見通しが悪く、かつ道路幅も狭くなっていたが、交通量は少なく、むしろ追跡中は他の車両は走行していなかったから、追跡によって被害が発生するとの具体的危険性は予測できず、本件パトカーは当初、マイクで停止

を命じていること及び追跡した距離が約300メートルないし400メートルであったことなどに照らすと、右追跡行為が不相当であったとは認められず、その他右行為を違法とすべき特段の事情は認められない。

　そうすると、本件におけるT及びS両警察官の本件パトカーによるK車の追跡行為は、その開始・継続・中止に至るまでなんら違法な点はなく、その方法においても不相当であったとは認められないから、その余の点につき判断するまでもなく、被告には国家賠償法1条に基づき本件事故による損害の賠償義務はないものというべきである。

●解　説●

　本件は、パトカーが信号無視、ナンバープレート隠蔽等の2人乗りの自動二輪車の違反を現認したので、サイレンを吹鳴、マイクで停止を求めたが逃走、約300メートルないし400メートル追跡したが、検挙できず追跡を中止、その後、逃走自動二輪車は対向車線にはみ出し、対向車両と衝突、二輪車の運転者と同乗者が死亡した交通事故であり、死亡した同乗者Nの遺族が提起した損害賠償請求事件である。

　本判決は、No.1で紹介した最高裁第一小法廷昭和61年2月27日判決以後、最高裁の示した「警察官のパトカーによる追跡を受けて車両で逃走する者が惹起した事故により第三者が損害を被った場合において、右追跡行為が国家賠償法1条1項の適用上違法であるというための要件」を当てはめて、事例判断した（公刊物でみる限り）2例目である。

　本件事実関係を前提に、原告（死亡した同乗者N・事故当時15歳の高校生の遺族）、及び被告（群馬県〈県警〉）側の具体的な主張を見てみよう。

1　原告（死亡した同乗者N・事故当時15歳の高校生の遺族）の主張

　パトカーの追跡経路の道路状況は、片側1車線で、当時は通勤時間帯のため両車線とも混雑し、また、事故現場付近は道路が大きくカーブし、道路西側端に物置があるため、前方の見通しが悪く、K車（K運転自動二輪車）側車線を走行する車は対向車線にはみ出して進行せざるを得ず、平素からそのような車

の運行がなされている場所であった。

　この道路状況に加え、Kはパトカーの追跡を振り切るため高速度で走行しており、本件パトカーはこれを現認していたから、追跡によって事故が発生する具体的危険性は十分に予測できた。このような場合、警察官としては取締り目的より事故防止を優先させ、サイレン吹鳴や追跡を中止し、又は無線で他のパトカーに連絡して、はさみうちするなどの方法をとり、事故の発生を防止すべき義務があったにもかかわらず、これを怠り、漫然と約1.2キロメートルにわたってK車の追跡をした過失により、本件事故を誘発させたものである。

2　被告（群馬県〈県警〉）側の主張

　（前記事実関係のとおり、パトカーはK車の赤色信号無視等を認め、自動二輪車の男2名にマイクで「前のバイク止まりなさい」と命じたが、男2名はパトカーに気付いて振り返ったものの停車することなく、急加速して逃走したという事実を踏まえて、）

　このため、T巡査部長らは、これを停止させるべくパトカーの赤色灯を点灯し、サイレンを吹鳴させ、前照灯を点灯して追跡を開始し約300メートル追跡したが、K車が推定時速80キロメートルを超える高速で逃走したためこれに追いつくことができず、ますます引き離されてしまったため、これ以上追跡しても捕捉することは不可能と判断し、また、逃走方向の道路も上りで右にカーブして狭くなっていたことなどから、その追跡を断念して中止した。なお、本件パトカーがK車を追跡した約300メートルの間の道路は幅員約6.4メートルのほぼ直線の道路であって、見通しがよく、かつ道路上には1台の車も走行していなかった。そして、パトカーの赤色灯、サイレン、前照灯のスイッチを切ってパトカーを通常走行に戻し帰署する道を探しながら約440メートルほど北上して、本件事故現場付近に至ったところ、反対方向からフラフラと異常走行した普通乗用自動車が停止した。そして、同車の運転者Oを通じて、追跡していた自動二輪車が反対方向から走行してきたO運転車両と衝突し、更にその後ろを走行していたF運転車両とも衝突して、本件事故が発生したことを知ったものである。

以上のとおり、T巡査部長らは、K車の信号無視、同乗者Nのヘルメット不着用、ナンバープレート隠蔽の道路交通法違反、道路運送車両法違反の事実を現認したので、Kらに対し停止を命じたが、かえって高速で逃走を開始したものである。
　このような場合、警察官としては漫然放置することなく、道路交通法違反等被疑事件として捜査し、検挙すべき義務があり、また、挙動不審者として職務質問等をすべき義務がある。
　本件において、T巡査部長らは、当然にK車を取締り、挙動不審者として職務質問する必要があると判断してパトカーのサイレンを鳴らす等の通常の追跡方法により追跡を開始して追跡したが、これを捕捉できず、また、その可能性がなかったので、その追跡を中止してしまったものである。
　そして、追跡した約300メートルの間は幅員約6.4メートルの見通しの良いほぼ直線の道路で、また、追跡道路方向には1台の車も走行していなかったもので、追跡しても他の交通の安全を害するような状況になく、その他追跡を回避すべき特別危険な状況にはなかったものである。
　したがって、本件パトカーの追跡行為及びその方法にはなんら違法な点はないから、過失はない。

　これに対して、本判決は、◆　判決の内容　◆のとおりの判断を踏まえて、結局「原告らの本訴請求は、……〔中略〕……、いずれも理由がないからこれを棄却する。」としたのであった（本判決について、その後、原告から控訴されることなく判決は確定した。）。
　本事件は、逃走する自動二輪車の運転者K、同乗者Nとも死亡するという重大な結果が生じたため、事件当時及び本判決とも、地元紙にも大きく取り上げられ報道された。
　本判決は、最高裁判例（第一小法廷昭和61年2月27日判決）が示した規準、つまり①「追跡が当該職務目的を遂行する上で不必要であるか。」、又は②「逃走車両の逃走の態様及び道路交通状況等から予測される被害発生の具体的危険性の有無及び内容に照らし、追跡の開始・継続もしくは追跡の方法が不相当で

ある。」か否かの観点から具体的に判断したもので、判示には賛成できる。

　つまり、判決は①の「追跡の必要性」については、Kは信号無視をしたのみならず、同乗のNはカバンでナンバープレートを隠すような動作をし、パトカーの停止の命令にも従わずに高速度で逃走しだしており、そこには挙動不審者と認められるから、赤信号無視の違反行為のほか、他になんらかの犯罪に関係があるとの疑いをかけられても不自然でない状況にあったというべきで、当然、警察官としては右Kらを現行犯人として検挙ないし逮捕するほか、挙動不審者として職務質問をする必要があったといえるし、②の「追跡の相当性」については、パトカーがK車を追跡した道路状況は、(a)全て見通しのよい直線道路ではなく、前方で緩やかにカーブしている上、建物の陰などで見通しが悪く、かつ、道路幅も狭くなっていたが、(b)交通量は少なく、むしろ追跡中は他の車両は走行していなかったから、追跡によって被害が発生するとの具体的危険性は予測できず、(c)パトカーは当初、マイクで停止を命じていること、(d)追跡した距離が約300メートルないし400メートルであったことなどに照らすと、追跡行為が不相当であったとは認められないとした。

　なお、原告の「無線で他のパトカーに連絡してはさみうちするなどの方法もとるべきであった。」との主張に対して、同乗者Nはナンバープレートを隠すようにしていたため、追跡に当たったT巡査部長らは車両番号の確認ができず、車両の正確な特定が不可能であったことからすると、この時点で無線手配をせず、まず追跡を開始し、継続したとしても、これをもって直ちに不相当な追跡行為とは認められない、と判示しその主張を退けたとおりその判示には賛成できる。つまり、追跡の現場においては、無線手配をしても近くに他のパトカーがいるとも限らず、「はさみうちするなどの方法」についても、自動二輪車はパトカーのような自動車と異なり、細街路であっても容易に進入でき、小回りがきくという機動性等を考慮すれば、現実的ではないし、仮に手配を受けた他のパトカーが逃走自動二輪車を発見したとしても、結局、追跡が引き継がれることとなり、追跡が継続することには変わりがないといえるし、まして、本件二輪車は、ナンバープレートが同乗者により隠されていたため車両ナンバーの確認が全くできなかったことからすれば、追跡は当然のことといえる。

ところで、本件事故は、パトカーが追跡を断念した後に、追跡中止地点より約440メートル先路上で発生したので、本件事故と追跡行為との間の因果関係があるか否かが問題となる。

　パトカーが追跡を断念、中止した後に、逃走車両が起こした事故について、先行した追跡行為と逃走車両の起こした事故との間の因果関係の存否を考える上で、追跡中のパトカー及び逃走車両との相互の距離及び速度、追跡距離、逃走態様、パトカーが追跡を中止した際の両車の距離及び速度、その後どのような経過時間・距離を経て、逃走車両が事故を起こしたか、また逃走中の逃走者の主観的事情など確定しなければならない諸要素があるため、中止後の事故だからといって因果関係はないと即断できない問題があることを念頭におく必要がある。

　一般的には、パトカー等による追跡の契機となるのは、いうまでもなく各種交通（法令）違反を現認し停止を求めたが、これに応じないときであり（他の重大な犯罪の発覚を免れるなどの理由から）、その後加速逃走中に更に違反を重ねるという経過をたどるが、追跡中のパトカー等において追跡が困難と判断し追跡を中止した以上、逃走車両がどのように走行するかは、逃走者の任意の意思と判断に委ねられることであり、パトカー等乗務員においてこれらを管理支配することは不可能であるから、因果関係は認められないとも考えられる。

　しかし、裁判例をみると、むしろ両者に因果関係を肯定するものが多い。

　本訴事件において、この点、被告（群馬県〈県警〉）側は、本件事故は追跡中止後に追跡中止地点より約440メートル先路上で発生したもので、「パトカーの追跡行為とは関係ないＫの暴走運転に起因する事故であるから、事故と追跡行為との間にはなんら因果関係がない」と主張したが、本判決は、次のように判示して因果関係を認めている。

　まず、本件パトカーがＫ車を追跡開始後、車の性能の差などから次第に車間距離をあけられ、かつ、道路が先へいって右にカーブして、見通しが悪く、道路幅も狭まるため、約300メートルないし400メートル追跡した後、赤色灯及び前照灯のスイッチを切り、サイレンの吹鳴も中止したことを認定した上で、「しかし、右パトカーは、左折道路を探す目的もあって、追跡してきた方向へ

そのまま進行を続けており、前掲甲4号証によれば、事故現場付近の住民がパトカーのサイレンの音を聞いている（但し、どのあたりを走行中の時の音かは必ずしも明らかでない。）などからすると、Kらも事故発生時まで追跡されていることを認識しつつ走行していたことは想像に難くない。とすると、本件事故は追跡行為と時間的に接着し、かつ継続したなかで発生したもので、事故と追跡行為との間には因果関係があるというべき」とした。

　なお、本件事故と追跡行為との間の因果関係を認めつつも、本件追跡の必要性、相当性を踏まえ、追跡行為に何ら違法はないとしたことは、解説のとおりである。

No. 4 暴走行為に自動二輪車で参加した高校生が、パトカーの追跡を受け道路標識に激突し、運転者が死亡し、同乗者が重傷を負った事故につき、追跡行為に違法性があるとされた事案

＜徳島地裁平成7年4月28日判決・その後最高裁でも一部認容　判時№1561＞

要　旨

① ところで、およそ警察官は、異常な挙動その他周囲の状況から合理的に判断して何らかの犯罪を犯したと疑うに足りる相当の理由のある者を停止させて質問し、また、現行犯人を現認した場合には速やかにその検挙又は逮捕に当たる職責を負うものであるから（警察法2条、65条、警察官職務執行法2条1項）、右職責を遂行するために被疑者を追跡することはもとよりなし得るところであり、かかる目的のために交通法規等に違反して車両で逃走する者をパトカーで追跡する職務の執行中に、逃走車両の運転者あるいはその同乗者が損害を被ったとしても、原則として違法になるものとはいえず、例外として、右追跡行為が当該職務目的を遂行する上で不必要なものであるか、又はその方法が逃走車両の逃走の態様及び道路交通状況等から予測される相手方又は第三者に対する被害発生の具体的危険性の有無及び内容に照らし不相当である場合に限って違法になるものと解すべきである。

② 本件は、Ｉらの運転する自動二輪車が集団を組んで、徳島県から400cc前後の自動二輪車を2人ないし3人乗りで約10台に分乗し、深夜爆音を高くして香川県に入り、志度町手前の天野峠で発煙筒を焚いてからは、並進あるいはジグザグ運転を繰り返して一般通行車両の通行を妨害し、信号を無視し、高松市内に進入してきたというものである。

③ Ｉらの行為は、道路交通法の速度違反、信号無視、共同危険行為等に該当するものであるから、本件パトカーに乗務する警察官は、Ｉらを現行犯人として検挙ないし逮捕する必要があったのであり、右警察官らが本件事故車等を追跡する必要があることは明らかであって、右追跡行為

は、当該職務目的を遂行する上で不必要なものとはいえず、また、その開始・継続若しくは追跡の方法が不相当なものであるともいえないから、本件パトカーが本件事故車を追尾する行為自体にはなんらの違法もないというべきである。

④ しかし、本件における三度にも及ぶ幅寄せ行為については、これが追跡の方法として相当かどうか別個の検討が必要である。

⑤ 本件事故現場は見通しの良い直線道路で車両の通行は少ないとはいえ、旧国道脇の歩道右端部分には車道に接するように多数の道路標識が設置され、また車道部分と歩道部分との間には高さ20センチメートルの縁石が設置されていた。

⑥ このような車道部分を時速80キロメートルないし90キロメートルで走行する自動二輪車に対し道路左脇に向けて幅寄せを行うことは、当該自動二輪車をして、道路標識や縁石と衝突あるいは接触・転倒させ、ひいてはその運転者と同乗者に死亡若しくは重大な傷害を負わせる具体的な危険があるものというべきであって、Tらの右行為は相当性を欠き、違法なものというべきである。

◆◆ 事案の概要 ◆◆

① I（本件自動二輪車の運転者・死亡）、O（当該二輪車の同乗者・重傷）がパトカーに追跡されるまでの状況

・ Oは、夜中に自動二輪車で集団ドライブするため、昭和63年1月3日午後10時30分ころ、徳島市不動町で知人らが集まるのを待っていると、10分ほどしてIを含む約20人が12台ほどの自動二輪車に乗って集まってきた。このとき、I及びOとは面識がなかった。

・ 間もなく、Iらの自動二輪車の一団（以下「本件集団」という。）は自動二輪車に分乗して徳島市内を走行し、途中でOはMと運転を交替し、後部座席に移った。その後、本件集団は、徳島県と香川県の県境にある鵜の多尾トンネルの手前でいったん停車し、同日午後11時30分ころ休憩をとっ

た。

　　ここで、Oは、Iの運転する自動二輪車の後部座席に移り、以後、本件事故に至るまで同乗していた。

・　Iの運転する自動二輪車は、排気量400ccくらい、車種はヤマハＸＪ、車体の色は黒色、運転するIは眼鏡をかけ、黒マスク、黒っぽいジャンパーを着用し、ヘルメット非着用、同乗者であるOは同様に黒マスク、黒っぽい上下服を着用、ヘルメット非着用であった。

・　Iが運転し、Oが同乗する自動二輪車は、本件集団とともに再び発進し、鵜の多尾トンネルを時速約100キロメートルで通過したが、トンネルを出た最初のカーブで、カーブを曲がりきれないということがあり、OはIの運転を下手だと感じた。

・　その後、本件集団は国道11号線に出て、香川県高松市方面に向けて走行していたところ、翌4日午前0時34分ころ香川県大川郡志度町鴨部連住寺バス停付近で、初めて対向するパトカー「志度1」に遭遇したが、そのまま走行し続けた。

②　パトカー「志度1」による追跡状況

・　昭和63年1月4日午前0時29分ころ、香川県警察本部通信指令室に「今、オートバイ10台くらいに、2人や3人乗りして道路いっぱいになったりして暴走している。」旨の110番通報があり、この急訴を受けた通信指令室では、所轄志度署に通報し、措置を依頼した。

・　志度署では、直ちに待機中のパトカーを出動させて、国道11号線の香川県大川郡方面の検索に当たらせたところ、「志度1」が同日午前0時34分ころ、国道11号線の香川県大川郡志度町鴨部連住寺バス停付近において、西進する約10台の本件集団と対向した。

・　同集団は3列で片側1車線（幅員約4メートル）を時速約40キロメートルで道路いっぱいになって爆音をたてて進行し、その後方を少し離れて5、6台の一般車両が続いていた。自動二輪車は各車両とも排気量400ccクラスのもので、ほとんどの車両が2人ないし3人乗りでヘルメットも着用していなかった。

- 「志度1」は同所において反転し、赤色灯を点灯し、サイレンを吹鳴して、本件集団と一般車両の間に入り、車載のマイクで停止するよう警告を繰り返し追跡したが、全く警告に従う様子を見せなかった。
- その後、約1キロメートル西進した香川県大川郡志度町鴨部、鴨部川橋付近で、「志度1」が同集団の後方約20メートルに接近したところ、最後尾3台が蛇行運転をしはじめるとともに、速度を時速約30キロメートルに落とし、前方集団7台（うち1台はＩの運転する車両）と分かれた。

　前方集団7台（うち1台はＩの運転する車両）は、時速約70キロメートルで走行し、後方集団とは離れていったため、「志度1」は、同日午前0時36分ころ、香川県大川郡志度町天野峠頂上付近で前方集団を見失った。

③　パトカー「香川2」等の追跡状況
- 「香川2」は、同日午前0時41分ころ、香川県警察本部防犯部（現生活安全部）機動警察隊で待機中、通信指令室から、「『志度1』が暴走二輪車10台くらいを志度町から高松に向かって追尾中であるので応援するように。」との要請により出動した。
- 「香川2」は、同日午前0時48分ころ、高松市内の国道11号線新春日川大橋を東進中、西進してくる二輪車の一団を発見し、赤色灯を点灯し、サイレンを吹鳴して反転、西方に向かって追尾を開始した。
- 「香川2」は、同日午前0時49分ころ、高松市木太町新詰田川橋東詰め付近において、本件集団の後方約50メートルに接近した。同集団は自動二輪車8台の集団で、時速約70キロメートルの速度で片側車線の道路いっぱいに広がって走行していた。

　そこで、「香川2」は、通信指令室に「暴走車両約8台、国道11号、新詰田川橋を西進中、「香川2」は後方を追跡中。」と無線で報告した。
- 「香川2」は、再三にわたり車載のマイクで停止するよう警告したが、集団はこれを無視し、一団となって、高松市木太町の国道詰田川西交差点の赤信号を無視して走行を続けて、同所から約500メートル西進した下千代橋西詰め付近において駐留警戒中の「香川5」と、更に同所の西方約100メートル付近で香川県警察本部機動警察隊Ｔ巡査長が運転し、Ｏ巡査が同

乗する「香川1」(以下「本件パトカー(香川1)」という。)が対向走行する集団と遭遇したため、「香川5」及び「本件パトカー(香川1)」とも反転し、「香川2」の後方に続いた。
④　「本件パトカー(香川1)」が上記の追跡を開始するに至った経緯
・　T巡査長らは同県本部機動警察隊で待機中、同日午前0時41分ころ、通信指令室から「『志度1』が暴走二輪車10台くらいを志度町から高松市に向かって追跡中である。応援するように」との要請に基づき、当務係長の指示を受け、T巡査長が運転し、O巡査が同乗する「本件パトカー(香川1)」により、「香川2」とともに出動した。
・　本件パトカーは、同日午前0時49分ころ、高松市松島町地内を進行中、「香川2」の「ただ今、暴走車両は高松市清掃工場前を赤信号無視して通過、西進中。」との無線を傍受、助手席乗務のO巡査は現場が近いことから、赤色灯を点灯し、サイレンを吹鳴し、国道11号線に入ったところ、東方約100メートルの下千代橋西詰めを暴走する二輪車が前照灯を上向きにして西進してくるのを発見したが、距離が近く、高速であったため、危険を感じ東進車線で通過を待った。

　　本件パトカーは、以後、本件事故に至るまで赤色灯を点灯し、サイレンを吹鳴し続けた。
・　本件集団は8台の自動二輪車であり、先頭の自動二輪車は前照灯を比較的高い位置に取り付け、これを上向きに点灯しており、集団の走行速度は時速約80キロメートルで、本件パトカーの前を通過時、警音器を吹鳴したり、エンジンをバリバリと空吹かししたりして西進した。
・　本件集団の後方を「香川2」が赤色灯、サイレンを吹鳴して追尾していたため、本件パトカーは反転し、「香川2」に続いて、本件集団の追尾に移った。
・　本件集団は、高松方面へ進行を続け、その間、同日午前0時52分ころ、高松市番町1丁目11番1号先の番町交差点の赤色信号を無視して、左折進行した。

　　番町交差点からは駐留警戒中の「香川4」が本件集団の先頭付近後方に

入り、追尾に加わった。
- 本件パトカーは、「香川2」の後方を約50メートルの間隔を保ちながら、追尾し、番町交差点を左折後、約300メートル進行した付近で、先行する「香川2」を追い抜き、前方に出た。

 このとき、前方に視認できる二輪車は6台で2台は既に見当たらなかった。6台の自動二輪車は、一般車両の間をジグザグに追い越し南進し、時速約60キロメートルで進行した。

- 「香川2」は、同日午前0時53分ころ、高松市亀井町地内の三叉路で3人乗り1台及び2人乗り2台の自動二輪車が本件集団から分離し、同三叉路を左折したため、その自動二輪車の追尾に移り、本件パトカーは、南進する自動二輪車の追尾を続けた。

 なお、本件集団の先頭付近後方に入った「香川4」は2台の自動二輪車を追尾し、「香川5」は本件パトカー及び「香川2」に続いて追尾していたが、やや遅れ約200メートルくらい離されていたため、途中で集団を見失った。

⑤ 以後、本件パトカー（香川1）の追跡状況
- 本件パトカーは、6台の自動二輪車のうち3台が3車線ある車線のうち中央第2車線を走行していたので、この3台を約40メートルないし50メートル後方から追尾した。
- 3台の自動二輪車は時速約60キロメートルないし70キロメートルで走行し、Ｉ運転の自動二輪車はその最後尾を走行していた。
- Ｉ運転の自動二輪車と他の1台の自動二輪車は、高松市中新町地内の中新町交差点手前約30メートル付近から歩道上に上がり、右交差点を左折したので本件パトカーも同様に同所を左折した。
- 左折後の最初の交差点手前の歩道上で2台の二輪車は停車した。その直後に、本件パトカーは二輪車脇の車道上に停車した。
- 停車すると、助手席のＯ巡査は、車内から車載マイクで止まれと警告するとともに、助手席ドアを開け、止まれと大声を出しながら降りようとしたところ、Ｉ運転の自動二輪車は急発進し、車道に降り、時速約50キロメー

トルないし60キロメートルの速度で再び逃走を開始した。
- 本件パトカーも直ちに二輪車の追尾を開始した。
- Ｉ運転の自動二輪車は、同日午前０時53分ころ、高松市田町の赤信号を無視し、他の自動二輪車と危うく衝突しかけた。そして、Ｉ運転の自動二輪車は、片側３車線道路の中央部分を走行し15～16台の一般車両の間を縫うようにジグザグに追い越して走行しており、本件パトカーは追い抜けなかった。
- その後、高松市上福岡町地内では最高速度時速40キロメートルのところ55キロメートル超過した時速95キロメートルで走行しており、これは本件パトカーの速度測定器で計測された。
- この間、本件パトカーは、車載マイクで停止するよう警告を繰り返していた。
- Ｔ巡査長とＯ巡査は、Ｉ運転の自動二輪車の特徴はナンバープレートも見えず、運転者・同乗者も黒っぽい服装であるほか、これという特徴を認めることができなかった。

⑥ 事故前後の状況
- 本件パトカーは、同日午前０時56分ころ、高松市春日川橋を過ぎたころ、前方に道路工事中である旨の標識が見えたので、右側に進路変更し、片側車線の真ん中付近を走行した。Ｉ運転の自動二輪車は、本件パトカーの前方約30メートルのところを時速約80キロメートルないし90キロメートルで走行していたが、右工事現場前でいったん、時速約60キロメートルから70キロメートルに減速して進行し、工事現場が終わると再び加速進行した。

  この間、先行自動二輪車は本件パトカーの前方約120メートル、Ｉ運転の自動二輪車は本件パトカーの前方約20メートル弱のところを走行していた。

- Ｉ運転の自動二輪車が時速約80キロメートルないし90キロメートルで走行していると、本件パトカーは、香川トヨタ自動車株式会社屋島営業所南西の14で、Ｉ運転の自動二輪車の右側30センチメートルないし50センチメートルの間隔で並進する状態になり、本件パトカーは３回にわたって、Ｉ運

転の自動二輪車に対し幅寄せをした。
- Ｉは、最初の幅寄せに対し、これを避けるように車道左側に自動二輪車を寄せ、二度目の幅寄せに対しても、また、これを避けるため車道左側に自動二輪車を寄せ、更に三度目の幅寄せにより自動二輪車を左側に寄せた結果、車道左端に追いつめられ、車道左側歩道上の道路標識に衝突し、投げ出され、脳挫傷のため死亡した。
- 同乗するＯは、本件パトカーの二度目の幅寄せに危険を感じ、左手でＩの腰を抱え、右手で後部座席の体を支えるという姿勢から、Ｉの腰辺りを両手で丸抱えして体を固持するという姿勢に体勢をかえ、さらに、三度目の幅寄せがあると、両車両の接触する危険を感じ、危ないと思ってその頭を伏せたが、路上に投げ出され、開放性左大腿骨骨折等の傷害を負った。

◆ 原告の主張 ◆

　職務行為といえども、追跡の方法が不相当であるときは違法となる。
　Ｔらは、時速80キロメートルないし90キロメートルという高速度で並進している最中に、幅寄せを行ったのであり、しかも、本件道路の沿道の歩道右側には車道に接するように多数の道路標識が設置されており、また、車道と歩道との間には高さ20センチメートルの縁石が設置されており、こうした事情のもとで、幅寄せが行われれば、車道左端に封じこめられた本件事故車が道路標識や縁石と衝突あるいは接触・転倒し、運転手らに死亡ないしは重大な傷害を負わせるという結果を発生させることは明らかであって、このような追跡の方法は不相当であり、違法なものである。

◆ 判決の内容 ◆

「ところで、およそ警察官は、異常な挙動その他周囲の状況から合理的に判断して何らかの犯罪を犯したと疑うに足りる相当の理由のある者を停止させて質問し、また、現行犯人を現認した場合には速やかにその検挙又は逮捕に当たる職責を負うものであるから（警察法２条、65条、警察官職務執行法２条１項）、右職責を遂行するために被疑者を追跡することはもとよりなしうるところであ

り、かかる目的のために交通法規等に違反して車両で逃走する者をパトカーで追跡する職務の執行中に、逃走車両の運転者あるいはその同乗者が損害を被ったとしても、原則として違法になるものとはいえず、例外として、右追跡行為が当該職務目的を遂行する上で不必要なものであるか、又はその方法が逃走車両の逃走の態様及び道路交通状況等から予測される相手方又は第三者に対する被害発生の具体的危険性の有無及び内容に照らし不相当である場合に限って違法になるものと解すべきである。

そこで、これを本件についてみるに、前記認定の事実によれば、本件は、Iらの運転する二輪車が集団を組んで、徳島県から400cc前後の自動二輪車を2人ないし3人乗りで約10台に分乗し、深夜爆音を高くして香川県に入り、志度町手前の天野峠で発煙筒を焚いてからは、並進あるいはジグザグ運転を繰り返して一般通行車両の通行を妨害し、信号を無視し、高松市内に進入してきたというものであり、このようなIらの行為は、道路交通法の速度違反、信号無視、共同危険行為等に該当するものであるから、本件パトカーに乗務する警察官は、Iらを現行犯人として検挙ないし逮捕する必要があったのであり、右警察官らが本件事故車等を追跡する必要があることは明らかであって、右追跡行為は、当該職務目的を遂行する上で不必要なものとはいえず、また、その開始・継続若しくは追跡の方法が不相当なものであるともいえないから、本件パトカーが本件事故車を追尾する行為自体にはなんらの違法もないというべきである。

しかし、本件における三度にも及ぶ幅寄せ行為については、これが追跡の方法として相当かどうか別個の検討が必要であって、本件事故現場は見通しの良い直線道路で車両の通行は少ないとはいえ、旧国道脇の歩道右端部分には車道に接するように多数の道路標識が設置され、また車道部分と歩道部分との間には高さ20センチメートルの縁石が設置されていたのであるから、このような車道部分を時速80ないし90キロメートルで走行する自動二輪車に対し道路左脇に向けて幅寄せを行うことは、当該自動二輪車をして、道路標識や縁石と衝突あるいは接触・転倒させ、ひいてはその運転者と同乗者に死亡若しくは重大な傷害を負わせる具体的な危険があるものというべきであって、Tらの右行為は相当性を欠き、違法なものというべきである。」

●解　説●

　これは暴走行為に自動二輪車で参加した高校生が、パトカーの追跡を受け道路標識に激突し、運転者が死亡し、同乗者が重傷を負った事故につき、死亡した被害者の遺族らが損害賠償請求を提訴したものである。

　判決は、◆◆事案の概要◆◆に紹介した事実関係を踏まえて、違法性の有無について判断するに際し、No.1の最高裁第一小法廷昭和61年2月27日判決で示された違法性判断の規準を引用した上で、本件パトカーの追跡行為について、

○　Iらの運転する自動二輪車が集団を組んで、徳島県から400cc前後の自動二輪車を2人ないし3人乗りで約10台に分乗し、深夜爆音を高くして香川県に入り、志度町手前の天野峠で発煙筒を焚いてからは、並進あるいはジグザグ運転を繰り返して一般通行車両の通行を妨害し、信号を無視し、高松市内に進入してきたというものである。

○　このようなIらの行為は、道路交通法の速度違反、信号無視、共同危険行為等に該当するものであるから、本件パトカーに乗務する警察官は、Iらを現行犯人として検挙ないし逮捕する必要があったのである。

から、警察官らが本件事故車等を追跡する必要があることは明らかであって、右追跡行為は、当該職務目的を遂行する上で不必要なものとはいえず、また、その開始・継続若しくは追跡の方法が不相当なものであるともいえないから、本件パトカーが本件事故車を追尾する行為自体にはなんらの違法もないというべきである。

とした。

　しかしながら、三度にも及ぶ幅寄せ行為については、これが追跡の方法として相当かどうかは別個の検討が必要であるとした上で、

○　本件事故現場は見通しの良い直線道路で車両の通行は少ないとはいえ、旧国道脇の歩道右端部分には車道に接するように多数の道路標識が設置されている。

○　車道部分と歩道部分との間には高さ20センチメートルの縁石が設置されていた。

のであるから、このような車道部分を時速約80キロメートルないし90キロメートルで走行する自動二輪車に対し道路左脇に向けて幅寄せを行うことは、

○ 自動二輪車をして、道路標識や縁石と衝突あるいは接触・転倒させ、ひいてはその運転者と同乗者に死亡若しくは重大な傷害を負わせる具体的な危険があるものというべきであり、相当性を欠き、違法なものである。

と断じた。

判決はまた、パトカーの幅寄せ行為に対する過失の有無についても、幅寄せ等を行うことにより「本件事故車が車道左側端付近の道路標識等の工作物に接触又は衝突すること、その結果として、本件事故車が二輪車でありその走行速度からして、本件事故車の運転者らに死亡若しくは重大な傷害が生じることは十分予見できたものというべきであるから、少なくとも同人らには、本件事故について、過失があるものといわざるを得ない。」として、パトカーの過失を認めた。

かくして、本件幅寄せ行為は、追跡の方法自体に相当性を欠いた違法な行為として、原告らの主張が一部認容されたのであった（最高裁においても県側の上告棄却、確定）。

この判決の意義は、これまでどのような追跡行為がなされた場合、相当性を欠いた違法なものかが判例上、明らかでなかったところ（№1の最高裁第一小法廷判決、及びそれ以後の№2以下の裁判例においても、違法性判断規準に照らしていずれも違法性を否定しているため）、本判決により「幅寄せ行為」は、逃走車をして、道路標識や縁石と衝突、接触、転倒させ、ひいてはその運転者らに死亡、若しくは重大な傷害を負わせる具体的な危険があり、相当性を欠いた違法なものにあたることが、裁判上、具体的にされたということである。

なお、判決は、本件パトカーの追跡行為中に行われた「幅寄せ行為」に違法性を認めたが、その違法性と、逃走車両（自動二輪車）がパトカーの停止命令に従わず逃走を強行した事情を考慮し、次のように判示し過失相殺を図っており、判示部分は非常に参考となるので併せて紹介する。

(1) 逃走自動二輪車の運転者Ｉについて

「本件は、Ｉらの運転する二輪車が集団を組んで、徳島県から400cc前後の自動二輪車を２人ないしは３人乗りで約10台に分乗し、深夜爆音を高くして香川県に入り、志度町手前の天野峠で発煙筒を焚いてからは、並進あるいはジグザグ運転を繰り返して一般通行車両の通行を妨害し、信号を無視して、高松市内に進入してきたものであり、Ｉのみをみても、本件パトカーに追跡された後だけでも、制限速度を時速にして55キロメートルも上回る速度違反、交差点における徐行義務違反、田町交差点における信号無視、ヘルメット非着用、共同危険行為等に該当する行為を警察官の停止の呼びかけにもかかわらず、これを反復、継続しており、全体として極めて重大な道路交通法違反を犯しており、本件パトカーによる追尾もＩの右違反行為がその原因であること、Ｉは停止を求める警察官の呼びかけに全く応ぜず、これがために、本件事故車を検挙するため本件パトカーによる三度の幅寄せが行われたこと、一方、Ｉにおいては、停止の呼びかけに応じ、直ちに減速ないしは停止するにつき何ら妨げはなかったのに、検挙を免れるために停止の呼びかけを無視し、また幅寄せに対しても、１回目又は２回目の幅寄せに対して減速する等の措置をとり本件事故を回避することが十分可能であり、かつそうすべきであったのに、減速等の措置をとらずひたすら高速で逃走を続けたこと、本件事故の結果については、本件事故当時、Ｉが本件事故車を時速80ないし90キロメートルで走行させていたという事情が大きく影響していると認められること、本件パトカーからの三度の幅寄せに対する回避措置については、Ｉの二輪車運転技術の未熟さも影響していたと窺われなくもないこと、また頭蓋骨骨折、脳挫傷による死亡という結果については、Ｉのヘルメット非着用の事情もそれなりに影響していると認められることなど諸般の事情を併せ考慮すれば、Ｉが受けるべき非難、落度は重大であるというべきであって、本件賠償額の算定にあたっては、Ｉの過失を大幅に考慮すべきであり、Ｉの損害に９割の過失相殺をするのが相当である。」として、Ｉに対する損害の大幅な過失（９割）を認めたのである。

(2) Ｉの運転する自動二輪車に同乗していたＯについて

「原告Ｏについては、本件事故当日、自らが二輪車を運転していた事情は認められず、またＩとは当日初めて面識を得たにすぎず、Ｉとの間に身分上ないしは生活関係上の一体関係も認めることはできない。その他、原告Ｏにつき、Ｉの道路交通法違反事実につき、積極的に教唆、幇助等した事情も窺われない。

しかしながら、原告Ｏは、本件事故当日、暴走行為に及ぶことを知ってこれに参加し、本件事故車等に乗車していたものである上、本件事故の結果については、本件事故当時、Ｉが本件事故車を時速80ないし90キロメートルで走行させていたという事情が大きく影響していると認められるところ、原告Ｏは、Ｉの運転する本件事故車に乗車していてＩの右運転を制止した形跡は全くなく、前記認定のとおり、原告Ｏは自らも自動二輪車の運転免許証を有し、Ｉの二輪車運転技術の未熟さにも気付いていながら、本件二輪車に乗車し続け、途中のＳ店前の歩道上でＩが本件事故車をいったん停車させた際には、本件事故車に同乗することをやめることができたのに、なおＩとともに逃走を図っていることなどの事情にかんがみれば、本件賠償額の算定にあたっては、原告Ｏの右過失を考慮し、原告Ｏの損害に７割の過失相殺をするのが相当である。」として、同乗者Ｏにも７割の過失を認めた。

ところで、本件は、逃走車両が自ら起こした交通事故とみることもできる。

これまでの裁判例をみると、逃走車両が自ら事故を起こし、逃走者自らを被害者として損害賠償請求を提起しているケースは極めて少ない。

この点、逃走車がパトカーや白バイに追跡されるのは、道路交通法に違反した行為を敢行したり、何らかの犯罪を犯したと思料される容疑が存在するからである。かかる場合、追跡されたら停止するのが運転者としてとるべき責務であり、追跡を振り切ろうとして無謀運転をし、挙句の果てに自ら損害を受けても、それは自ら招いた結果として甘受すべき自損行為であって、追跡した警察官の所属する都道府県に対して損害賠償を求めることは、原則として許されない（判タ654号219頁・民事判例実務研究・大沼洋一、判例自治20号・古崎慶長）と説く見解がある。

本件は、判決で「およそ警察官は、異常な挙動その他周囲の状況から合理的に判断して何らかの犯罪を犯したと疑うに足りる相当の理由のある者を停止させて質問し、また、現行犯人を現認した場合には速やかにその検挙又は逮捕に当たる職責を負うものであるから（警察法2条、65条、警察官職務執行法2条1項）、右職責を遂行するために被疑者を追跡することはもとよりなしうるところであり、かかる目的のために交通法規等に違反して車両で逃走する者をパトカーで追跡する職務の執行中に、逃走車両の運転者（注：アンダーラインは筆者）あるいはその同乗者が損害を被ったとしても、原則として違法になるものとはいえず、例外として、右追跡行為が当該職務目的を遂行する上で不必要なものであるか、又はその方法が逃走車両の逃走の態様及び道路交通状況等から予測される相手方又は第三者に対する被害発生の具体的危険性の有無及び内容に照らし不相当である場合に限って違法になるものと解すべきである。」としているように、追跡された逃走車両が自ら事故を起こし、逃走者自らを被害者とする損害賠償請求事件についても、なお№1の最高裁判例で示された違法性判断の規準が射程距離となることが明らかにされたということにも、本判決の意義を見いだすことができる。

No. 5 パトカーにより速度違反として追跡された逃走車両が逃走中に第三者（自動二輪車）に衝突、重傷を負わせた事故につき、追跡行為に違法性はないとされた事案

＜仙台地裁平成7年10月30日判決（原告の請求棄却）、仙台高裁平成8年5月29日控訴棄却・確定　公刊物未登載＞

<u>要　旨</u>

① およそ警察官は、異常な挙動その他周囲の事情から合理的に判断して何らかの犯罪を犯したと疑うに足りる相当な理由のある者を停止させて質問し、また、現行犯人を現認した場合には速やかにその検挙又は逮捕に当たる職責を負うものであって、右職責を遂行する目的のために被疑者を追跡することはもとよりなし得るところであるから、警察官がかかる目的のために交通法規等に違反して車両で逃走する者をパトカーで追跡する職務の執行中に、逃走車両の走行により第三者が損害を被った場合において、右追跡行為が違法であるというためには、右追跡が当該職務目的を遂行する上で不必要であるか、又は逃走車両の逃走の態様及び道路交通状況等から予測される被害発生の具体的危険性の有無及び内容に照らし、追跡の開始・継続若しくは追跡の方法が不相当であることを要するものと解すべきである。

② Kは速度違反行為を犯したのみならず、本件パトカーにより停止を促されるや、その停止命令に従わずに指定場所一時不停止違反、赤色信号無視違反を犯して逃走したものであって、単に道路交通法違反者というにとどまらず、挙動不審者として他の何らかの犯罪に関係があるものとの疑いをかけてしかるべき状況にあったのだから、本件パトカーに乗務する警察官であるS巡査らとしては、Kを同法違反の現行犯として検挙し、逮捕するほか挙動不審者として職務質問する必要があったということができる。

③ S巡査らは、逃走車両に乗車する者のおおよその風貌及び車両番号は確認できたが、同車両の運転者の氏名等は確認できていない上、逃走車両の車両番号、特徴、逃走方向等について、県内各署に無線手配する手

続も済んでいなかったのであるから、逃走車両の追跡を継続する必要があった。
④　本件パトカーが追従走行を開始した地点から、本件事故による火花様の閃光を認めた地点までは距離にして約2キロメートルにとどまり、時間もわずか3分程度にすぎない。
⑤　本件パトカーが加害車を追跡していた道路は、いずれもその両側に会社や商店が建ち並んでいるものの、県道は歩・車道が区分された片側3車線で中央分離帯もある広い道路であり、市道は歩・車道が区分された片側2車線の道路であり、ほぼ直線で見通しもよく、Y字路交差点から本件（事故現場）交差点の手前までの道路は街路樹があって歩道の視認性が悪く、交差する道路もあるものの、車道の幅員は6.6メートルでほぼ直線であり、当時の天候は晴天であって交通量も非常に少なかったこと等にかんがみれば、両巡査が本件追跡により第三者の被害発生の蓋然性のある具体的危険性を予測し得たものとは認めがたい。
⑥　本件パトカーは赤色灯を点け、サイレンを吹鳴しながら適当な車間距離を保って追跡走行したものであって、道路状況等からこれ以上の追跡は危険だと判断するや直ちに追跡を中止しており、特に危険な深追いをした等の事情も認められず、その追跡方法自体にも特に危険を伴うものはなかったということができる。
⑦　総合すると、本件パトカーによる加害車に対する追跡方法は、不相当な追跡方法であったとはいえない。

◆　事案の概要　◆

①　宮城県警交通機動隊のS巡査運転の覆面パトカー（以下「本件パトカー」という。）にT巡査が同乗し、昭和63年9月9日午後11時22分ころ、仙台市大和町5丁目38-8先国道4号線仙台バイパス（以下「4号線バイパス」という。）道路上を若林方向から卸町方向に流動取締中、前方第1車線を走行するK運転の普通乗用車（以下「逃走車両」という。）が速度違反をしてい

るのを現認したため、赤色灯を点灯させて約20メートル後方より車間距離を保持して追尾測定した結果、法定制限速度（時速60キロメートル）を24キロメートル毎時超過する84キロメートルであることが判明したので、これを速度超過違反で検挙するため、直にサイレンを鳴吹し、前照灯をパッシングするとともに、パトカー備付けの拡声器を用いて停止を命じた。
② 本件パトカーが追跡しはじめると、逃走車両はさらに加速し、一時停止の標識を無視して大和町5丁目33番地先交差点を左折して、県道荒浜・原町線の片側3車線の道路の第1車線に進入して、仙台駅方向に向かって逃走し、本件パトカーの追跡から逃れようとした。
③ 逃走車両は、県道（荒浜・原町線）の制限速度時速40キロメートルを大きく違反する時速約90キロメートルで逃走し続けたので、本件パトカーは大和町5丁目1－13先道路上で第2車線に進路変更して逃走車両に並進させ、広報マイクで停止命令を発したが、その際、逃走車両の運転手が20歳前後の眼鏡使用の男であり、助手席に長髪の女性が同乗していることを確認した。
④ 本件パトカーが何度も停止命令を発すると、逃走車両は急速に加速して違反速度を増加させて時速90キロメートル以上で逃走を継続し、大和町5丁目1－13のパチンコゴールドラッシュ先の交差点にさしかかったが、パトカーの追跡を振り切るため、同交差点の赤色信号を無視してこれを急左折して市道東仙台・南小泉線に逃走を続けた。
⑤ 本件パトカーも同車線を追跡し続けて大和町5丁目4－20のパチンコヤマト先のY字路交差点にさしかかったが、逃走車両はほとんど減速しないまま同交差点を右折し、右折後の道路は制限速度時速40キロメートルであるが、逃走車両は時速80キロメートルないし90キロメートルで暴走し、逃走を継続した。
⑥ 本件パトカーは速度違反を現認して追跡を開始した時点では、逃走車両との車間距離は約20メートルであったが逃走車両が加速暴走したため、逃走車両との車間距離が離れていき、Y字路交差点を右折した先の道路は歩車道の間に街路樹があって歩道上に対する見通しが悪く、また、深夜営業の飲食店などがあって人通りが見られることから、S巡査らは、これ以上の追跡は不

適当と判断して、逃走車両の車両番号を確認し終えたＹ字路交差点を右折後の大和町３丁目２－１付近の日本石油のガソリンスタンド前付近で、本件パトカーの速度を落とし、赤色灯を消してサイレンの吹鳴も止めて追跡を中止した。

⑦　逃走車両は、Ｙ字路交差点を右折後、本件パトカーが逃走車両を追越して停止させられるのを拒むため、第１車線と第２車線にまたがって走行し、本件事故現場交差点方向に向かううち、いったんはこれを右折することも考えて第２車線に進路を変えたものの、本件事故現場交差点（大和町１丁目４－１３先）で右折の方向指示器を出しているＭ運転の自動二輪車（被害車両）を発見し、右折すると危険だと思って、これを直進することに翻意したが、本件パトカーに未だ追走されていると思い、何ら減速、回避の措置を取らずにそのまま進行した結果、Ｍ運転の自動二輪車に衝突して転倒させ、同人に左大腿部骨々幹部粉砕骨折、右上腕骨遠位部粉砕骨折等の傷害を負わせたものである。

⑧　本件パトカーは追跡中止後、加害車両の走行方向にそのまま通常走行したところ、前方400～500メートルくらいに火花様の閃光を認めたため、進行するに事故現場で停止していた赤色乗用車が逃走していた加害車両であることを確認した。

　　なお、本件パトカーが追従走行を開始した地点から本件事故による閃光を認めた地点までは、距離にして約２キロメートルであり、時間もわずか３分程にとどまっており、また、Ｓ巡査らが閃光を認めてから本件事故現場に至るまでには30秒程しか要しなかった。

⑨　Ｙ字路交差点を右折して本件事故現場に至るまでの道路は、車道幅員が6.6メートルで片側２車線のアスファルト舗装道路であって、ほぼ直線である。本件事故当日の天候は晴天で風もあまりなく、道路上の交通はほとんどなかったものであった。

◆　原告の主張　◆

加害車は速度違反車として追跡されるや高速で逃走しはじめ、一時停止違反、

停止命令無視及び赤信号を無視して交差点を左折する等極めて危険な違反行為を繰り返して時速約90キロメートルを超える高速度で逃走し続けたのであるから、このような場合、交通違反者等を取り締まるパトカー乗務の警察官としては、加害車の逃走の意思が固く、これを追跡して検挙するのは極めて困難で、その逃走速度を考慮すれば、交通事故の発生する具体的危険のあることを十分予想し得たし、また、並進走行により運転者が男性であること及び車両番号を確認しており、無線手配等による取締りや後日の捜査もできたのであるから、S、T両巡査はその後の追跡を直ちに中止すべき注意義務があるにもかかわらず、これを怠り、漫然とパトカーで高速度で走行追跡し続けた過失により、加害車をして暴走行為を続けさせ、よって本件事故を惹起させたものである。

◆ 判決の内容 ◆

　原告は、S、T両巡査には、本件パトカーによる追跡を継続すれば加害車が暴走を続け交通事故の発生する具体的危険があることが十分認識しえたし、かつ、他の捜査方法で検挙することも可能であったのだから、直ちに追跡を中止すべき注意義務があったのにこれを怠った過失があり、これにより本件事故が発生したと主張する。

　およそ警察官は、異常な挙動その他周囲の事情から合理的に判断して何らかの犯罪を犯したと疑うに足りる相当な理由のある者を停止させて質問し、また、現行犯人を現認した場合には速やかにその検挙または逮捕に当たる職責を負うものであって、右職責を遂行する目的のために被疑者を追跡することはもとよりなしうるところであるから、警察官がかかる目的のために交通法規等に違反して車両で逃走する者をパトカーで追跡する職務の執行中に、逃走車両の走行により第三者が損害を被った場合において、右追跡行為が違法であるというためには、右追跡が当該職務目的を遂行する上で不必要であるか、又は逃走車両の逃走の態様及び道路交通状況等から予測される被害発生の具体的危険性の有無及び内容に照らし、追跡の開始・継続若しくは追跡の方法が不相当であることを要するものと解すべきである（被告の引用する最高裁判決）。

　この見地に立って本件をみると、前記認定の事実によれば、(1) Kは速度違反

行為を犯したのみならず、本件パトカーにより停止を促されるや、その停止命令に従わずに指定場所一時不停止違反、赤色信号無視違反を犯して逃走したものであって、単に道路交通法違反者というにとどまらず、挙動不審者として他の何らかの犯罪に関係があるものとの疑いをかけてしかるべき状況にあったのだから、本件パトカーに乗務する警察官であるS巡査らとしては、Kを同法違反の現行犯として検挙し、逮捕するほか挙動不審者として職務質問する必要があったということができ、(2)S巡査らは、逃走車両に乗車する者のおおよその風貌及び車両番号は確認できたが、同車両の運転者の氏名等は確認できていない上、逃走車両の車両番号、特徴、逃走方向等について、県内各署に無線手配する手続も済んでいなかったのであるから、逃走車両の追跡を継続する必要があったものと言うべきであり、(3)本件パトカーが前記追従走行を開始した大和町5丁目の4号線バイパスの地点から、本件事故による火花様の閃光を認めた地点までは距離にして約2キロメートルにとどまり、時間も僅か3分程度にすぎず、(4)本件パトカーが加害車を追跡していた道路は、いずれもその両側に会社や商店が立ち並んでいるものの、県道荒浜・原町線は歩・車道が区分された片側3車線で中央分離帯もある広い道路であり、市道東仙台・南小泉線は歩・車道が区分された片側2車線の道路であり、ほぼ直線で見通しもよく、Y字路交差点から本件交差点の手前までの道路は街路樹があって歩道の視認性が悪く、交差する道路もあるものの、車道の幅員は6.6メートルでほぼ直線であり、当時の天候は晴天であって交通量も非常に少なかったこと等に鑑みれば、両巡査が本件追跡により第三者の被害発生の蓋然性のある具体的危険性を予測しえたものとは認めがたく、(5)更に、本件パトカーは赤色灯を点け、サイレンを吹鳴しながら適当な車間距離を保って追跡走行したものであって、道路状況等からこれ以上の追跡は危険だと判断するや直ちに追跡を中止しており、特に危険な深追いをした等の事情も認められず、その追跡方法自体にも特に危険を伴うものはなかったということができ、以上を総合すると、本件パトカーによる加害車に対する追跡方法は、不相当な追跡方法であったとはいえない。

　以上の次第であるから、本件パトカーによる追跡行為は、これが不必要であったとも、その開始・継続又はその方法に不相当な点があったともいえず、違法

であるとは認められないから、被告には国家賠償法1条に基づく賠償責任はない。」

● 解　説 ●

　本判決は、以下のとおり原告の主張（S及びTの両巡査には、本件パトカーによる追跡を継続すれば加害車が暴走を続け交通事故の発生する具体的危険があることが十分認識し得たし、かつ、他の捜査方法で検挙することも可能であったのだから直ちに追跡を中止すべき注意義務があったのにこれを怠った過失があり、これにより本件事故が発生したとの主張）に対して、No.1で紹介した最高裁判例の追跡活動に係る違法性判断規準を事実関係に当てはめ、結局「本件パトカーによる追跡行為は、これが不必要であったとも、その開始・継続又はその方法に不相当な点があったともいえず、違法であるとは認められない」から、原告（被害者M・自動二輪車運転者）の被告宮城県〈県警〉に対する国賠法1条に基づく賠償責任はない、としてその請求を棄却したのであった。

1　原告の主張

　原告の主張の趣旨は、
　・　加害車は速度違反車として追跡されるや高速で逃走しはじめ、一時停止違反、停止命令無視及び赤信号を無視して交差点を左折する等極めて危険な違反行為を繰り返して時速約90キロメートルを超える高速度で逃走し続けたのであるから、パトカー乗務の警察官としては、加害車の逃走の意思が固く、これを追跡して検挙するのは極めて困難で、その逃走速度を考慮すれば、交通事故の発生する具体的危険のあることを十分予想し得たこと。
　・　パトカーは、並進走行により運転者が男性であること及び車両番号を確認しており、無線手配等による取締りや後日の捜査もできたのであること。
から、S、T両巡査はその後の追跡を直ちに中止すべき注意義務があるにもかかわらず、これを怠り、漫然とパトカーで高速度で走行追跡し続けた過失により、加害車をして暴走行為を続けさせ、よって本件事故を惹起させたとするも

のである。

この考え方は、No.1で紹介した第一審判決（富山地裁昭和57年4月23日）と同様の理論構成をとっている。

つまり、富山地裁昭和57年4月23日判決は、

- 加害車は、Uターンして逃走開始してから約2キロメートルの国道を指定最高速度時速40キロメートルをはるかに超える時速約100キロメートルの高速度で、途中赤信号を無視し、センターラインをはみ出して走行するなどの暴走運転を行い、東町交差点では信号待ちの先行停車中の車の前を赤信号を無視して右折車線から大回り左折し、逃走を続けた道路は、民家や商店が立ち並ぶ市街地道路（市道）で交差道路も多く、片側二車線から途中一車線となり、国道よりも道路幅員がせまく、パトカー乗務の警察官は、国道でUターン逃走する前に車両番号を確認しており、Uターン直後には無線手配（車両番号、車種、車色、逃走方向等）を行っていた。
- このような逃走車の運転速度及び逃走態様、道路及び交通の状況に照らすと、（東町交差点左折後も）そのまま追跡を続行したならば、同車の暴走により通過する道路付近の一般人の生命、身体又は財産に重大な損害を生ぜしめる具体的危険が存し、そのような危険を予測し得たこと。
- あえて追跡を継続しなくても、交通検問など他の捜査方法ないし事後の捜査により検挙することも十分可能であったこと。

から、（東町交差点を左折した時点で）直ちに追跡を中止する等の措置をとって第三者への損害の発生を防止すべき注意義務があるにもかかわらず、検挙を急ぐあまりこれを怠り、時速約80キロメートルの高速度で至近車間距離で追跡継続するという過失を犯したとする。

（富山地裁は判決で、本件パトカーの追跡行為は、Xの道路交通法違反の行為を規制し、同人を検挙するという関係においては正当な警察権の行使として適法な職務行為と認められるが、そのような場合にも、第三者の法益を侵害することを極力避けなければならないことは当然であり、他に手段方法がなく、第三者の法益の侵害が不可避であって、かつ、当該追跡によって達成しようとする社会的利益が侵害される第三者の法益を凌駕する場合

にのみ、第三者の法益侵害につき違法性を阻却されることがあり得るにすぎないものと解すべきであるとして、本件警察官のとった方法は、第三者の生命、身体に対し重篤な危害を加える可能性が極めて高い態様のものであり、しかも他の取締りの方法が十分考えられるのであるから、原告らに負わせた傷害の部位程度の重大性にかんがみれば、本件パトカーの追跡の継続が原告らとの関係において違法性を阻却されないとして、県〈県警〉側の責任肯定（県〈県警〉側の敗訴）を導いたが本判決は、後に最高裁により破棄された。）

2　被告（宮城県・県警）側の主張

それでは、原告（被害者M・自動二輪車運転者）の主張に対する被告宮城県〈県警〉側の反訴をみてみよう。

被告である宮城県〈県警〉側は、No.1の最高裁判例（最高裁第一小法廷昭和61年2月27日判決）を挙げ、追跡行為の適法性について次のように反論した。

(1)　本件のようにパトカー等の追跡を受けた車両が惹起した交通事故に関して先例となる判例としては、最高裁昭和61年2月27日第一小法廷判決・民集40巻1号124頁がある。右判決によれば、警察官が、交通法規等に違反して逃走する車両をパトカーで追跡する職務の従事中に、逃走車両の走行により第三者が損害を被った場合、右追跡行為が違法であるというためには、「右追跡が当該職務目的を遂行する上で不必要であるか、または逃走車両の逃走の態様及び道路交通状況等から予測される被害発生の具体的危険性の有無及び内容に照らし、追跡の開始・継続若しくは追跡の方法が不相当であることを要する」とされる。

(2)　本件追跡の目的は、第1に、加害車の速度違反、指定場所一時不停止違反、赤信号無視違反の現行犯として検挙ないし逮捕するためであり、第2に、挙動不審者として停止させて職務質問するためであり、いずれも警察官の職務を遂行するために加害車を追跡することは当然すべきものである。

(3)　追跡の必要性についてみると、本件パトカーは当初、加害車は呼びかけに応じて停止するものと判断し、後方を追従して拡声器による停止呼びか

けを行っていたものであり、加害車がこれに気づいていないと考え、これに並進した際に、運転者が20歳前後の眼鏡をかけた男性、助手席の同乗者が長髪の女性であることを確認し、さらに加速逃走する加害車を追跡しながら、大和町3丁目の日商ビル前路上において加害車の車両番号の確認を終了し、逃走車両を特定するに足りる事項をようやく把握し得たものであり、したがって、右地点で加害車の追跡を中止するまでの間、本件パトカーが加害車を追従、追跡する必要性が存在したことは明らかである。

(4) 追跡の方法等についてみても、加害車の後方から赤色灯を点灯しサイレンを吹鳴して追跡した本件パトカーの追跡方法に何ら問題はなく、追跡走行した道路は、県道荒浜・原町線の間は歩道と車道が区分された片側3車線で中央分離帯もある広い道路であり、市道東仙台・南小泉線の間は、歩道と車道が区分された片側2車線で道路両側に会社事務所が並ぶ道路であるところ、いずれも本件追従時には、時間帯からして他の走行車両も歩行者もほとんど見当たらず、事故発生の具体的危険性は存在しなかったものである。

3 判決

これに対して仙台地裁は、平成7年10月30日、原告の主張（S、T両巡査には、本件パトカーによる追跡を継続すれば加害車が暴走を続け交通事故の発生する具体的危険があることを十分認識し得たし、かつ、他の捜査方法で検挙することも可能であったのだから、直ちに追跡を中止すべき注意義務があったのにこれを怠った過失があり、これにより本件事故が発生した）に対して、№1の最高裁判例（最高裁第一小法廷昭和61年2月27日判決）の規準を掲げ、これに事実関係を当てはめ、その請求を棄却したのであった。

(1) **違法性判断の基準**

「およそ警察官は、異常な挙動その他周囲の事情から合理的に判断して何らかの犯罪を犯したと疑うに足りる相当な理由のある者を停止させて質問し、また、現行犯人を現認した場合には速やかにその検挙又は逮捕に当たる職責を負

うものであって、右職責を遂行する目的のために被疑者を追跡することはもとよりなしうるところであるから、警察官がかかる目的のために交通法規等に違反して車両で逃走する者をパトカーで追跡する職務の執行中に、逃走車両の走行により第三者が損害を被った場合において、右追跡行為が違法であるというためには、右追跡が当該職務目的を遂行する上で不必要であるか、又は逃走車両の逃走の態様及び道路交通状況等から予測される被害発生の具体的危険性の有無及び内容に照らし、追跡の開始・継続若しくは追跡の方法が不相当であることを要するものと解すべきである。」

(2) 追跡の必要性、追跡の方法等の相当性についての具体的判断
　ア　追跡の必要性について
　　(ア)　K（逃走車両の運転者）は速度違反行為を犯したのみならず、本件パトカーにより停止を促されるや、その停止命令に従わずに指定場所一時不停止違反、赤色信号無視違反を犯して逃走したものであって、単に道路交通法違反者というにとどまらず、挙動不審者として他の何らかの犯罪に関係があるものとの疑いをかけてしかるべき状況にあった。
　　(イ)　本件パトカーに乗務するS巡査らとしては、Kを同法違反の現行犯として検挙し、逮捕するほか挙動不審者として職務質問する必要があった。
　　(ウ)　S巡査らは、逃走車両に乗車する者のおおよその風貌及び車両番号は確認できたが、同車両の運転者の氏名等は確認できていない上、逃走車両の車両番号、特徴、逃走方向等について、県内各署に無線手配する手続も済んでいなかった。
　のであるから、逃走車両の追跡を継続する必要があったものと言うべきである。

　イ　追跡の方法等について
　　(ア)　本件パトカーが追従走行を開始した大和町5丁目の4号線バイパス地点から、本件事故による火花様の閃光を認めた地点までは距離にして約2キロメートルにとどまり、時間もわずか3分程度にすぎない。
　　(イ)　本件パトカーが加害車を追跡していた道路は、いずれもその両側に会

社や商店が立ち並んでいるものの、県道荒浜・原町線は歩・車道が区分された片側3車線で中央分離帯もある広い道路であり、市道東仙台・南小泉線は歩・車道が区分された片側2車線の道路であり、ほぼ直線で見通しもよく、Y字路交差点から本件交差点の手前までの道路は街路樹があって歩道の視認性が悪く、交差する道路もあるものの、車道の幅員は6.6メートルでほぼ直線であり、当時の天候は晴天であって交通量も非常に少なかったこと。

等にかんがみれば、

(ウ)　両巡査が本件追跡により第三者の被害発生の蓋然性のある具体的危険性を予測し得たものとは認めがたいこと。

(エ)　本件パトカーは赤色灯を点け、サイレンを吹鳴しながら適当な車間距離を保って追跡走行したものであること。

(オ)　道路状況等からこれ以上の追跡は危険だと判断するや直ちに追跡を中止しており、特に危険な深追いをした等の事情も認められず、その追跡方法自体にも特に危険を伴うものはなかったということができること。

から総合すると、本件パトカーによる加害車に対する追跡方法は、不相当な追跡方法であったとはいえない。

このように、本判決の違法性を判断する論理展開は、№1の最高裁判例（最高裁第一小法廷昭和61年2月27日判決）と同様な視点にたっているといえる。

(3)　本件追跡と事故との因果関係

本件事故は追跡行為を中止後に発生したことから、両者に因果関係はあるかどうかについても、判決は注目に値する判断をしている。

被告宮城県〈県警〉側は、本件事故は、本件パトカーが追跡行為を中止した後に発生したものであることから、本件事故と本件パトカーによる追跡行為との間には因果関係が存しないと主張していたが、これに対して判決は、

ア　本件パトカーは加害車を検挙すべく追跡走行していたが、その車両番号を確認し終えたころ、高速で逃走していく加害車に引き離され、かつ、周

囲の道路状況が追跡に不適当であったため、赤色灯の点灯、サイレンの吹鳴を止めて緊急追跡行為を中止したことが認められる。
イ　しかし、本件パトカーは緊急追跡行為は中止したものの、なお加害車と同方向に進行を継続していたものであり、いわゆる緊急追跡行為を止めたものと認められる時点から事故現場まで700メートル程しか離れておらず、直前まで激しく追跡されていたKはなお本件パトカーの追跡を受けていると思って走行していたものである。
との事実を前提に、
「本件において、本件事故とS及びT両巡査の行為との間の因果関係を判断するに際して、いわゆる緊急追跡行為自体に限定するのは相当ではなく、緊急追跡行為終了後の時間的場所的に接着した相当の範囲内の事故は、なお追跡行為の影響が色濃く残っている限り、その間に因果関係を認めるのが相当である。
こうした観点から本件を見るに、なるほど本件においては既に緊急追跡行為が終了していたものの、本件パトカーは依然逃走車と同方向に通常走行し、外形的には追跡行為と殆ど変わりない状況にあり、直前まで激しく追跡されていた逃走車はなお追跡行為の影響下にあるというべきであり、たとえ、交差点内に右折待機車がいるのを認めながら減速することなく、高速度で直進したという加害者の過失により事故が発生したと認められる場合でも、パトカーの追跡を受けているものと考えてこれを逃れるためにかかる行動を取ったものである以上、追跡行為と事故との間に因果関係を認めるのが相当である。」と判断した。

このように因果関係を認める範囲を「いわゆる緊急追跡行為自体に限定するのは相当ではなく、緊急追跡行為終了後の時間的場所的に接着した相当の範囲内の事故は、なお追跡行為の影響が色濃く残っている限り、その間に因果関係を認める。」との見解は、極めて傾聴に値するものである。

この点に関し、第1編9「事故発生時の措置」の(2)因果関係の存否の問題（追跡を中止した後に、逃走車両が起こした事故）において、実務上の配意事項に言及しているので参考とされたい。

なお、本判決に対して、原告から控訴がなされたが、控訴審たる仙台高等裁

判所は平成 8 年 5 月29日、「控訴人の本訴請求を棄却した原判決は相当であり、本件控訴は理由がないからこれを棄却する。」と判断したもので、その後、控訴棄却の本判決は確定した。

| No. 6 | 不法操業船（不審船舶）が海上保安庁の巡視艇に追跡され転覆し、乗組員が死亡した事故につき、追跡行為に違法性はないとされた事案 |

＜名古屋地裁平成13年11月9日判決・確定　判時№1786＞

要　旨

① 甲川丸は、密漁船情報のあった付近の海上にいるところをしゃちかぜに発見され、停船命令に従うことなく、無灯火のまま全速力で逃走したものであり、その甲板上には、まだ操業を終えて間もないと推認される水流噴射式貝けた網漁具や採取したトリガイを積載していた上、船体に法令で義務付けられた漁船の登録番号や許可番号を表示していなかった。

② 甲川丸には、客観的にみて直前まで愛知県漁業調整規則で禁止された夜間の貝けた網漁業を行っていた疑いがあったと認められるから、しゃちかぜとしては、甲川丸に対し、漁業法、海上保安庁法に基づく検査、質問を行うため、また、その乗組員を漁業法違反（検査等忌避）、底びき網漁業取締規則違反（停船命令無視）の現行犯人として逮捕するため、更に、海上衝突予防法違反（無灯火航行）、愛知県漁業調整規則違反（許可番号不表示）、漁船法違反（登録番号不表示）行為を是正させるため、甲川丸を追跡する必要性があったと認められる。

③ しゃちかぜが甲川丸に接近併走したのは、甲川丸に乗組員を移乗させてこれを停船させるためであったと認められる。

④ 甲川丸は、違法操業が発覚した場合に備え、あらかじめ漁船を特定する資料となる船体の登録番号等を隠していた上、乗組員らも、しゃちかぜによる写真撮影中、機関室内に隠れたり、しゃちかぜに背をむけてうずくまるなどしてこれを避けていたもので、しゃちかぜは、漁船や被疑者を特定する手掛かりとしては、辛うじて、船首部分に「甲川丸」の文字が表示されているのを目視により確認し、また、操舵室内の青色合羽を着た男（船長）を写真に収めることができたにとどまり、後日あらためて検挙、捕捉するにはこれらを特定する証拠が極めて不十分であったものと認められる。

⑤　しゃちかぜは甲川丸に比べて喫水が深いため、甲川丸が浅瀬に逃げ込んだ場合には、同船が最終的にいずれの漁港に帰港したかを確認することはほとんど不可能であり、陸岸でこれを探し出すことは容易ではない上、甲川丸は、その強行な逃走態様からして、帰港すれば、検挙、捕捉を免れるため、直ちに漁獲物を売却したり、漁具を搬出するなど罪証隠滅を行うおそれが高かったと認められる。

⑥　甲川丸は、夜間にもかかわらず、無灯火のまま、漁船等の往来も少ないと考えられる漁港沖合を全速力で逃走していたものであり、同船の逃走行為の継続が海上の船舶交通に及ぼす危険は無視しがたいものであったと認められる。

⑦　以上の事情に照らせば、しゃちかぜは、甲川丸の写真撮影等を行っただけで追跡をやめることなく、その場で直ちにこれを停船させて検査、質問等を行い、これを検挙、捕捉する必要があったと認められる。

⑧　しゃちかぜは、甲川丸を停船させる方法として、サイレン、汽笛、信号灯、ハンドマイクなど、音声や信号による停船命令から始めて、これを繰り返し発していたほか、甲川丸に先回りし、針路を塞いで停船させようともしたが、強行突破されたものであり、より間接的な強制方法はことごとく無視されたものと認められることに照らせば、しゃちかぜが、最終的に移乗という方法をとろうとしたことは十分に首肯できるものであり、したがって、移乗のため、甲川丸に接近併走した行為は、取締方法として行き過ぎであったとは認められない。

⑨　しゃちかぜが、甲川丸に接近併走した行為の危険性についてであるが、探照灯を甲川丸に照射した状態で、S船長の目視だけではなく、乗組員3名が、甲川丸に最も接近する前部甲板左舷側に待機し、甲川丸との間隔を目測し、これを手先信号で逐一S船長に伝えながら接近し、甲川丸が急激に減速、停船した場合に備えて、同船の真後ろから接近して航走することは避け、その右後方を併走する形をとるとともに、針路は甲川丸と平行になるよう調整し、速度も甲川丸と等しい約14ノット（時速約

26キロメートル）にまで減速しながら、徐々に接近したものであり、その後は、針路と速度を一定に保ち、甲川丸と約1メートルないし2メートルの間隔で、約1分間併走したもので、その間、乗組員らは、前部甲板左舷側で甲川丸を注視していた上、当時、海は凪の状態であったため、両船とも揺れは少なく比較的安定していたものである。

⑩ これらの接近併走の方法態様、当時の気象状況に加え、S船長は、過去に移乗の訓練を受けており、自ら乗組員として移乗した経験が何回かあったほか、しゃちかぜの乗組員を移乗させた事例も2件あったこと、全国の海上保安部では、平成7年以降、甲川丸とほぼ同規模の逃走中の船に対する移乗は20件余り行われているが、逃走船が転覆した事例は1件もなかったことが認められることも併せ考慮すれば、しゃちかぜが、甲川丸に接近併走した行為が、直ちに甲川丸と衝突する具体的危険を伴うものであったとは認められない。

⑪ なお、原告らは、甲川丸は、しゃちかぜに高速で接近併走され、停船すれば衝突する危険な状況であったため、停船することもできず、逃走を続けるほかなかった旨主張し、証拠にはこれに沿う部分があるが、しゃちかぜは、甲川丸の急激な減速、停船に備えて、真後ろからの接近航走は避け、その右後方を等速度で平行に航走していたことに照らせば、前掲証拠はいずれも採用できず、他に原告ら主張の事実を認めるに足りる証拠はない。

⑫ 以上によれば、しゃちかぜの追跡方法が不相当であったとの原告らの主張は採用できない。

◆ 事案の概要 ◆

① 平成10年5月12日午後10時12分ころ、名古屋海上保安部は、愛知県常滑市大野町沖合に3隻のポンプ船（水流噴射式貝けた網漁船）が密漁を行っているとの情報を入手し、午後10時45分ころ、巡視艇しゃちかぜ（以下しゃちかぜという。）に出動指令を発し、午後11時ころ、指令を受けたS船長、A機

関長、M及びOの両航海士補、Y機関士補の5名が、しゃちかぜに乗船して密漁行為の取締りのため大野町沖合に向かった。

② 午後11時34分ころ、しゃちかぜは、レーダーにより大野町沖合の名古屋港南五区埋立地南方約500メートル付近に3隻の船影をとらえ、これに接近すると、うち2隻は同所を離れていった。

③ S船長は、しゃちかぜを操舵し、密漁船と思われる残りの1隻（甲川丸）にさらに接近し、探照灯を照射したところ、甲川丸は無灯火のまま、約14ノット（時速約26キロメートル）の全速力で陸岸に向かって航走を始め、引き続き水深約3～4メートルの知多半島の陸岸沿いを愛知県常滑市常滑港方面に向かい南下し始めたため、密漁船の疑いがもたれた。

④ 両船舶の性能等であるが、しゃちかぜは、総トン数24トン、全長19.6メートル、船幅4.3メートル、深さ2.3メートル、計画満載平均喫水0.88メートル、最高速度約26ノットの鉄鋼船体の高速艇である。

甲川丸は、総トン数3.86トン、全長12.44メートル、最大幅2.75メートル、最高速度約14.5ノット（満載時は約14ノット）の強化プラスチック製船体の小型機船である。

⑤ 当時、甲川丸には、乙山船長、丁男、丙男（本件転覆事故で死亡）の3名が乗船しており、乙山船長の操舵のもと、トリガイ漁を終えて、無線で取引先の水産会社に連絡して帰ろうとしているところであった。

⑥ 午後11時36分ころ、しゃちかぜは、甲川丸に探照灯を照射したまま、その右後方に接近し、その甲板上に水に濡れた水流噴射式貝けた網漁具やトリガイと思われる貝の入った網袋約30袋が2、3段に積まれていることを確認したことから、愛知県漁業調整規則違反（夜間における貝けた網漁業）の疑いが濃厚と認め、甲川丸を写真撮影するとともに、漁業法及び海上保安庁法に基づく検査等を実施するため、甲川丸を追跡した。

⑦ そのころ、甲川丸乗組員の丁男は、写真撮影を避けるため、機関室に入り、操舵室内部にある出入口から乙山船長の右足越しに船尾方向を見て、しゃちかぜの様子をうかがっており、また、丙男は、前部甲板上に積載された漁具の間で、しゃちかぜに背を向けてうずくまっていた。

⑧　しゃちかぜは、甲川丸の約2メートルないし5メートル右後方から追跡しながら、漁業法及び海上保安庁法に基づく検査等を実施するため、サイレンや汽笛、信号灯により停船命令を発していたが、甲川丸は速度を落とすことなく全速力で逃走を続けた。

⑨　当時、甲川丸の操舵室で青色合羽を着た男（乙山船長）が操舵しているのが確認され、写真撮影を行ったが、その他の乗務員の有無は確認できず、また、甲川丸の船体には、漁船の登録番号や許可番号の表示がなく、船尾にも船名の表示がなかった（なお、甲川丸は、巡視艇に漁船を特定されないようにするため、あらかじめ船体に別の板を張り付け、登録番号等の表示を隠していたものであった。）。

⑩　午後11時39分ころ、しゃちかぜは、甲川丸がより水深の浅い海域に逃げ込むのを防ぐため、いったん速力を落として甲川丸の後方を通過し、甲川丸と陸岸の間に入ったが、甲川丸はしゃちかぜを牽制するように蛇行した後、急激に右に一回転して追随を振り切り、再び陸岸側を航走し始めた。

　　当時、しゃちかぜ乗組員のM、O及びYの3名が、甲川丸が停船命令に従わない場合の移乗に備え、前部甲板左舷側で待機していた。

⑪　午後11時43分ころ、しゃちかぜは、水深が浅くなったため、いったん沖に出て速力を上げ、甲川丸を追い越してその前方約150メートル付近に先回りし、船首を甲川丸の針路とほぼ直角にして停止し、その針路を塞ぐような形で再度停船命令を発したが、甲川丸は速度を落とすことなく、しゃちかぜの舳先（へさき）数メートルのところを全速力で通過していった。

　　その際、しゃちかぜは、甲川丸の船首部分に「甲川丸」の文字が表示されているのを確認したため、甲川丸に向かい、拡声器やハンドマイクでさらに停船命令を発したが、甲川丸がこれに従わなかったため、漁業法第74条第3項、第141条第2号違反（検査忌避）及び小型機船底びき網漁業取締規則第9条第1項、第11条第1号違反（停船命令無視）の現行犯人と認めた。

⑫　しゃちかぜは、甲川丸乗組員の現行犯逮捕や検査実施のため、自船乗組員を甲川丸に移乗させて停船させることにし、午後11時46分ころ、甲川丸に探照灯を照射したまま、同船の急激な減速、停船に備え、真後ろからではなく、

その右後方から、針路を同船と平行に調整し、速度を同船と同じ約14ノットになるよう減速しながら、しゃちかぜの前部甲板と甲川丸の後部甲板との間隔が1メートル前後になるように徐々に接近していった。

⑬　当時、しゃちかぜのM、O及びYは、前部甲板左舷側の手摺り後端付近において、ハンドマイクや警棒で停船を命じながら、甲川丸への移乗に備え、甲川丸との間隔を目測し、これを手先信号でS船長に逐一伝えていた。

⑭　しかし、甲川丸の甲板上には漁獲物や漁具が積まれており、また、波しぶきで甲川丸の甲板を確認することが困難であったため、移乗のタイミングがつかめなかった。

⑮　午後11時47分ころ、しゃちかぜは、速度を甲川丸と等しい約14ノットに保ち、自船の前部甲板左舷側の手摺りが甲川丸の操舵室付近にくる状態で、約1メートルないし2メートルの間隔を保ちながら併走していた。

⑯　当時、前方には愛知県常滑市鬼崎漁港が近づき、水深はかなり浅くなっていた。しゃちかぜのS船長が、水深を確認するため、一瞬GPSの表示に目をやったのと同じころ、突然、甲川丸は左舷側に横転、転覆してしゃちかぜの左舷後方に離れた。

当時、海上は風や波がほとんどない凪の状態で、両船ともに揺れは少なく、視界も良好であった。

⑰　しゃちかぜは、甲川丸の転覆後、直ちに停船し、名古屋海上保安部に事故の報告を行うとともに、転覆した甲川丸の付近から浮上した乙山船長及び丁男を救助し、さらに、行方不明であった乗組員丙男を捜索するため、潜水士の手配を要請し、自らも応援の巡視艇等が到着するまでの約1～2時間にわたり、探照灯や懐中電灯、双眼鏡を使用し、甲川丸及びその付近の海上を、当初は、甲川丸の周囲と後方を重点的に約100メートル四方を、その後は範囲を更に広げて捜索したが、乗組員丙男を発見することができなかった。

⑱　その後、しゃちかぜは、現場に到着した巡視艇等に捜索活動を引き継ぎ、名古屋海上保安部の指示で現場を離れた。

翌13日午後3時ころ、転覆現場付近の海底で乗組員丙男の遺体が発見された。

◆ 原告の主張 ◆

　一般に、取締目的の追跡行為により、第三者に被害を与えた場合の違法性の判断基準については、追跡が職務目的を遂行する上で不必要であるか、または、逃走の態様等から予測される被害発生の具体的危険の有無及び内容に照らし、追跡の開始、継続若しくは方法が不相当であることが要件とされているところ、本件においては、追跡自体が不必要であったとはいえないものの、暗夜に規模、速度、操舵能力においてはるかに勝るしゃちかぜが、船舶間の距離を１〜２メートルに近づけたまま、約１分間あるいはそれを超えて、甲川丸に高速併走を続けた行為は、一漁船の密漁行為に対する取締方法としては明らかに行き過ぎであり、また、甲川丸との衝突により、第三者である亡・丙男の生命身体を害する具体的危険を伴うものであったから、追跡方法として不相当であり、従って違法である。

　また、上記追跡方法をとる以上、しゃちかぜのＳ船長は、甲川丸との衝突や接触を生じないよう細心の注意を払い、操舵に万全を期すべき注意義務があったのに、故意又は過失により、著しく甲川丸に接近した状態を長時間継続し、また、捕捉を優先するあまり、接近航走中に水深を気にするなどして甲川丸から目を離し、もって上記注意義務に違反した。

　しゃちかぜは、上記追跡行為の結果、甲川丸に衝突してこれを転覆させ、亡・丙男を溺死させたものである。

　仮に、しゃちかぜが甲川丸に衝突した事実が認められないとしても、衝突もしないのに甲川丸が転覆したということは、しゃちかぜの接近併走行為がそれだけ危険であったということにほかならず、追跡方法が不相当であることに変わりはない。

◆ 判決の内容 ◆

　以上の事実を前提にしゃちかぜの追跡行為の違法性の有無を検討する。

(1)　追跡の必要性について

甲川丸は、本件事故当日、名古屋海上保安庁が密漁船の情報を入手して間もないころ、情報のあった付近の海上にいるところをしゃちかぜに発見され、停船命令に従うことなく、無灯火のまま全速力で逃走したものであり、その甲板上には、まだ操業を終えて間もないと推定される水流噴射式貝けた網漁具や採取したトリガイを積載していた上、船体に法令で義務付けられた漁船の登録番号や許可番号を表示していなかったものであり、客観的にみて、甲川丸には、直前まで愛知県漁業調整規則で禁止された夜間の貝けた網漁業を行っていた疑いがあったと認められるから、しゃちかぜとしては、甲川丸に対し、漁業法、海上保安庁法に基づく検査、質問を行うため、また、その乗組員を漁業法違反（検査等忌避）、底びき網漁業取締規則違反（停船命令無視）の現行犯人として逮捕するため、さらに、海上衝突予防法違反（無灯火航行）、愛知県漁業調整規則違反（許可番号不表示）、漁船法違反（登録番号不表示）行為を是正させるため、甲川丸を追跡する必要性があったと認められる。

(2) **追跡方法の相当性について**

原告らは、暗夜に規模、速度、操舵能力においてはるかに勝るしゃちかぜが、甲川丸に長時間、高速で接近併走した行為は、小型漁船の密漁行為に対する取締方法としては明らかに行き過ぎであり、また、甲川丸に衝突する危険を伴うものであったから、追跡方法として不相当である旨主張する。

そこで、検討するに、しゃちかぜが甲川丸に接近併走したのは、甲川丸に乗組員を移乗させてこれを停船させるためであったと認められるところ、当時、しゃちかぜは、甲川丸が、貝けた網漁具や漁獲物である貝類の積載していること、また、漁業関係法令に違反する行為を行っていることを現認していたものであり、また、甲川丸に接近して写真撮影を行い、その状況を証拠化していたものである。

もっとも、甲川丸は、違法操業が発覚した場合に備え、予め漁船を特定する資料となる船体の登録番号等を隠していた上、乗組員らも、写真撮影中、機関室内に隠れたり、しゃちかぜに背をむけてうずくまるなどしてこれを避けていたもので、しゃちかぜは、漁船や被疑者を特定する手掛りとしては、辛うじて、

船首部分に「甲川丸」の文字が表示されているのを目視により確認し、また、操舵室内の青色合羽を着た男（乙山船長）を写真に収めることができたにとどまり、後日あらためて検挙、捕捉するにはこれらを特定する証拠が極めて不十分であったものと認められる。

また、しゃちかぜは甲川丸に比べて喫水が深いため、甲川丸が浅瀬に逃げ込んだ場合には、同船が最終的にいずれの漁港に帰港したかを確認することはほとんど不可能であり、陸岸でこれを探し出すことは容易ではない上、甲川丸は、その強行な逃走態様からして、帰港すれば、検挙、捕捉を免れるため、直ちに漁獲物を売却したり、漁具を搬出するなど罪証隠滅を行うおそれが高かったと認められる。

さらに、当時、甲川丸は、夜間にもかかわらず、無灯火のまま、漁船等の往来も少なくないと考えられる漁港沖合を全速力で逃走していたものであり、同船の逃走行為の継続が海上の船舶交通に及ぼす危険は無視しがたいものであったと認められる。

以上の事情に照らせば、しゃちかぜは、甲川丸の写真撮影等を行っただけで追跡をやめることなく、その場で直ちにこれを停船させて検査、質問等を行い、これを検挙、捕捉する必要があったと認められる。

また、しゃちかぜは、甲川丸を停船させる方法として、まずはサイレン、汽笛、信号灯、ハンドマイクなど、音声や信号による停船命令から始めて、これを繰り返し発していたほか、甲川丸に先回りし、針路を塞いで停船させようともしたが、強行突破されたものであり、より間接的な強制方法はことごとく無視されたものと認められることに照らせば、しゃちかぜが、最終的に移乗という方法をとろうとしたことは十分に首肯できるものであり、従って、移乗のため、甲川丸に接近併走した行為は、取締方法として行き過ぎであったとは認められない。

次に、しゃちかぜが、甲川丸に接近併走した行為の危険性について検討するに、①しゃちかぜは、探照灯を甲川丸に照射した状態で、Ｓ船長の目視だけではなく、乗組員３名が、甲川丸に最も接近する前部甲板左舷側に待機し、甲川丸との間隔を目測し、これを手先信号で逐一Ｓ船長に伝えながら接近し、また、

②甲川丸が急激に減速、停船した場合に備えて、同船の真後ろから接近して航走することは避け、その右後方を併走する形をとるとともに、針路は甲川丸と平行になるよう調整し、速度も甲川丸と等しい約14ノット（時速約26キロメートル）にまで減速しながら、徐々に接近したものであり、③その後は、針路と速度を一定に保ち、甲川丸と約1ないし2メートルの間隔で、約1分間併走したもので、その間、上記乗組員らは、上記場所で甲川丸を注視していた上、④当時、海は凪の状態であったため、両船とも揺れは少なく比較的安定していたものである。

これらの接近併走の方法態様、当時の気象状況に加え、S船長は、過去に移乗の訓練を受けており、自ら乗組員として移乗した経験が何回かあったほか、しゃちかぜの乗組員を移乗させた事例も2件あったこと、全国の海上保安部では、平成7年以降、甲川丸とほぼ同規模の逃走中の船に対する移乗は20件余り行われているが、逃走船が転覆した事例は1件もなかったことが認められることも併せ考慮すれば、しゃちかぜが、甲川丸に接近併走した行為が、直ちに甲川丸と衝突する具体的危険を伴うものであったとは認められない。

なお、原告らは、甲川丸は、しゃちかぜに高速で接近併走され、停船すれば衝突する危険な状況であったため、停船することもできず、逃走を続けるほかなかった旨主張し、証拠にはこれに沿う部分があるが、前示のとおり、しゃちかぜは、甲川丸の急激な減速、停船に備えて、真後ろからの接近航走は避け、その右後方を等速度で平行に航走していたことに照らせば、前掲証拠はいずれも採用することができず、他に原告ら主張の事実を認めるに足りる証拠はない。

以上によれば、しゃちかぜの追跡方法が不相当であったとの原告らの主張は採用することができない。

●解　説●

本件は、不法操業船が海上保安庁の巡視艇に追跡されて転覆し、同船の船員丙男が死亡した事故につき、丙男の遺族らが、事故は巡視艇の違法な追跡行為や救助義務違反行為によるものであるとして、国に対して損害賠償を求めたも

ので、船舶の追跡事案では唯一ともいえる国家賠償請求事件である。

巡視艇の追跡行為の違法性について、原告側も№1で紹介した最高裁第一小法廷昭和61年2月27日判決を引用して主張しており、本判決（名古屋地裁平成13年11月9日）も、同様に「追跡の必要性」と「追跡方法の相当性」を判断するに際し、追跡の開始・継続、追跡の方法について子細に分析検討し、巡視艇の追跡行為、救助行為につき、違法性はないとして、国家賠償請求を棄却（確定）したものであり、妥当な結論といえる。

本件判決の意義は、海上（海上保安庁巡視艇等）における追跡活動の考え方は、陸上（パトカー等）の追跡活動と共通の基盤にたって考察されることを示したもので、今後、海上における巡視艇等による追跡活動上、先例となるものといえる。

本訴に対して、原告らは、Ⅰ巡視艇の追跡行為の違法性と、Ⅱ救助義務違反をあげ被告の責任を追及しており、ここで原告ら、被告国（海上保安庁）側の相互の主張及びこれに対する裁判所の判断を見てみよう。

1　追跡行為の違法性

(1)　原告らの主張

巡視艇による追跡行為の違法性につき、№1で紹介した最高裁第一小法廷昭和61年2月27日判決で示された違法性判断の規準、つまり「交通法規等に違反して車両で逃走する者をパトカーで追跡する職務の執行中に、逃走車両の走行により第三者が損害を被った場合において、右追跡行為が違法であるというためには、右追跡が当該職務目的を遂行する上で不必要であるか、又は逃走車両の逃走の態様及び道路交通状況等から予測される被害発生の具体的危険性の有無及び内容に照らし、追跡の開始・継続若しくは追跡の方法が不相当であることを要するものと解すべきである」との規準を引用して、「一般に、取締目的の追跡行為により、第三者に被害を与えた場合の違法性の判断基準については、追跡が職務目的を遂行する上で不必要であるか、または、逃走の態様等から予測される被害発生の具体的危険の有無及び内容に照らし、追跡の開始、継続もしくは方法が不相当であることが要件とされているところ」とした上で、次の

ように主張した。
　ア　本件においては、追跡自体が不必要であったとはいえないものの、暗夜に規模、速度、操舵能力においてはるかに勝るしゃちかぜが、船舶間の距離を1～2メートルに近づけたまま、約1分間あるいはそれを超えて、甲川丸に高速併走を続けた行為は、一漁船の密漁行為に対する取締方法としては明らかに行き過ぎである。
　イ　また、甲川丸との衝突により第三者である亡・内男の生命身体を害する具体的危険を伴うものであったから、追跡方法として不相当であり、違法である。
　ウ　このような追跡方法をとる以上、しゃちかぜのＳ船長は、甲川丸との衝突や接触を生じないよう細心の注意を払い、操舵に万全を期すべき注意義務があったのに、故意又は過失により、著しく甲川丸に接近した状態を長時間継続し、また、捕捉を優先するあまり、接近航走中に水深を気にするなどして甲川丸から目を離し、もって上記注意義務に違反し、その追跡行為の結果、甲川丸に衝突してこれを転覆させ、亡・内男を溺死させた。
　エ　仮にしゃちかぜが甲川丸に衝突した事実が認められないとしても、衝突もしないのに甲川丸が転覆したということは、しゃちかぜの接近併走行為がそれだけ危険であったということにほかならず、追跡方法が不相当であることに変わりはない。

(2)　被告国（海上保安庁）側の主張
　しゃちかぜが、再三にわたる停船命令を無視して逃走を続ける甲川丸を追跡するとともに、甲川丸を停船させるために自船乗組員を同船に移乗させようとして、接近併走した行為は正当かつ適法な行為である。
　また、これまで取締りのため、多数の移乗行為が特段の事故なく行われていることからして、当時、しゃちかぜ乗組員が、上記併走行為により甲川丸が転覆することを予見することは不可能であった。

2 しゃちかぜ乗組員の救助義務違反

(1) 原告の主張

　巡視艇の乗組員には、海難に遭った者の救助活動を行う義務があるから、しゃちかぜ乗組員は、甲川丸乗組員が海中に転落したことが明らかである以上、人命救助を何よりも優先し、照明設備を駆使して事故現場付近を照らし、巡視艇をその場所まで移動させるか、しゃちかぜ乗組員をボート等に乗せて海面まで下ろすか、浮上すればつかまることのできる物体を投げ込むなどし、可能な限り亡丙男を捜索すべき注意義務があったにもかかわらず、S船長らしゃちかぜ乗組員は、亡丙男を救助しようとした乙山船長を制止した上、甲板の上に立ったまま、規模の小さなサーチライトで甲川丸の船底付近をぐるぐると照らしているだけで、乙山船長が船尾後方を探すよう強く求めても、その方向を照らすことなく、しゃちかぜを移動させたり、しゃちかぜ乗組員を差し向けようともせず、乙山船長と丁男の捕捉を優先し、捜索のために別船が到着するや、本件事故現場を離れてしまったもので、少なくとも重過失に基づく救助義務違反がある。

(2) 被告国（海上保安庁）側の主張

　S船長らしゃちかぜ乗組員は、甲川丸の転覆後、探照灯、懐中電灯等の照明設備、救命浮環等の救命具を使用し、現場付近において行方不明者を捜索する措置を速やかにとるとともに、直ちに名古屋海上保安部に通報して他の巡視艇及び潜水士の応援を要請し、その後、巡視船艇9隻、航空機2機及び潜水士により当時可能な限りの大規模な捜索を行い、甲川丸の後方約100メートルにわたる範囲を捜索したもので、捜索方法は相当であった。

3 裁判所の判断

◆ しゃちかぜの追跡行為の違法性について

　裁判所は、しゃちかぜの追跡行為の違法性の有無の判断にあたり、「追跡の必要性」、「追跡方法の相当性」、「しゃちかぜと甲川丸との衝突の有無」などに

ついて、更には、「しゃちかぜ乗組員の救助義務違反の有無」について、次のとおりつぶさに検討を加えている。

(1) 追跡の必要性について
　①甲川丸は、しゃちかぜに発見され、停船命令に従うことなく、無灯火のまま全速力で逃走したこと、②その甲板上には、まだ操業を終えて間もないと推認される水流噴射式貝けた網漁具や採取したトリガイを積載していたこと、③船体に法令で義務付けられた漁船の登録番号や許可番号を表示していなかったこと、から客観的にみて、直前まで愛知県漁業調整規則で禁止された夜間の貝けた網漁業を行っていた疑いがあったと認められるから、しゃちかぜとしては、甲川丸に対し、漁業法、海上保安庁法に基づく検査、質問を行うため、また、その乗組員を漁業法違反（検査等忌避）、底びき網漁業取締規則違反（停船命令無視）の現行犯人として逮捕するため、さらに、海上衝突予防法違反（無灯火航行）、愛知県漁業調整規則違反（許可番号不表示）、漁船法違反（登録番号不表示）行為を是正させるため、甲川丸を追跡する必要性があったと認められる、として、追跡行為の必要性を肯定した。

(2) 追跡方法の相当性について
　ア　原告らが主張するように、暗夜に規模、速度、操舵能力においてはるかに勝るしゃちかぜが、甲川丸に長時間、高速で接近併走した行為は、小型漁船の密漁行為に対する取締方法としては明らかに行き過ぎであったかどうかについての判断
　①しゃちかぜが甲川丸に接近併走したのは、甲川丸に乗組員を移乗させてこれを停船させるためであったと認められること、甲川丸が貝けた網漁具や漁獲物である貝類を積載していることや漁業関係法令に違反する行為を行っていることを現認していたものであること、また、甲川丸に接近して写真撮影を行い、その状況（貝けた網漁具や漁獲物である貝類の積載状況）を証拠化していたものである。
　また、②しゃちかぜは、漁船や被疑者を特定する手掛かりとしては、辛うじ

て、船首部分に「甲川丸」の文字が表示されているのを目視により確認し、また、操舵室内の男（乙山船長）を写真に収めることができたにとどまり、後日あらためて検挙、捕捉するにはこれらを特定する証拠が極めて不十分であったこと、③しゃちかぜは甲川丸に比べて喫水が深いため、甲川丸が浅瀬に逃げ込んだ場合には、同船が最終的にいずれの漁港に帰港したかを確認することはほとんど不可能であり、陸岸でこれを探し出すことは容易でないこと、④その強行な逃走態様からして、帰港すれば、検挙、捕捉を免れるため、直ちに漁獲物を売却したり、漁具を搬出するなど罪証隠滅を行うおそれが高かったと認められること、⑤夜間にもかかわらず、無灯火のまま、漁船等の往来も少なくないと考えられる漁港沖合を全速力で逃走していたものであり、同船の逃走行為の継続が海上の船舶交通に及ぼす危険は無視しがたいものがあったと認められること、の事情に照らせば、しゃちかぜは、甲川丸の写真撮影等を行っただけで追跡を止めることなく、その場で直ちにこれを停止させて検査、質問等を行い、これを検挙、捕捉する必要があったと認められる。

　また、⑥停船させる方法として、まずはサイレン、汽笛、信号灯、ハンドマイクなど、音声や信号による停船命令から始めて、これを繰り返し発していたほか、甲川丸に先回りし、針路を塞いで停船させようともしたが、強行突破されたものであり、より間接的な強制方法はことごとく無視されたものと認められることに照らせば、最終的に移乗という方法をとろうとしたことは十分に首肯できるものであり、したがって、移乗のため、甲川丸に接近併走した行為は、取締方法として行き過ぎであったとは認められない。

　　イ　原告らが主張するように、暗夜に規模、速度、操舵能力においてはるかに勝るしゃちかぜが、甲川丸に長時間、高速で接近併走した行為は、甲川丸に衝突する危険を伴うものであったかどうかの判断

　①しゃちかぜは、探照灯を甲川丸に照射した状態で、Ｓ船長の目視だけではなく、乗組員３名が、甲川丸に最も接近する前部甲板左舷側に待機し、甲川丸との間隔を目測し、これを手先信号で逐一Ｓ船長に伝えながら接近したこと、②甲川丸が急激に減速、停船した場合に備えて、同船の真後ろから接近して航

走することは避け、その右後方を併走する形をとるとともに、針路は甲川丸と平行になるよう調整し、速度も同船と等しい約14ノット（時速約26キロメートル）にまで減速しながら、徐々に接近したものであること、③その後は、針路と速度を一定に保ち、甲川丸と約1メートルないし2メートルの間隔で、約1分間併走したもので、その間、乗組員らは、甲川丸に最も接近する前部甲板左舷側に待機し、同船を注視していたこと、④当時、海は凪の状態であったため、両船とも揺れは少なく比較的安定していたこと、これらの接近併走の方法態様、当時の気象状況に加え、⑤S船長は、過去に移乗の訓練を受けており、自ら乗組員として移乗した経験が何回かあったほか、しゃちかぜの乗組員を移乗させた事例も2件あったこと、⑥全国の海上保安部では、平成7年以降、甲川丸とほぼ同規模の逃走中の船に対する移乗は20件余り行われているが、逃走船が転覆した事例は1件もなかったことが認められること、を併せ考慮すれば、しゃちかぜが、甲川丸に接近併走した行為が、直ちに同船と衝突する具体的危険を伴うものであったとは認められない。

　かくして、判決は「しゃちかぜの追跡方法が不相当であったとの原告らの主張は採用することができない。」として、しゃちかぜの追跡方法の相当性を認めたのであった。更に判決は、(3)以下の原告の主張に対して逐一、検討を加えて判断している。

(3)　しゃちかぜと甲川丸との衝突の有無についての判断

　原告らの「しゃちかぜは甲川丸に接近併走した結果、甲川丸に衝突してその衝撃によりこれを転覆させ、第三者である亡・丙男を死亡させたとして、その追跡行為が違法である。」旨の主張に対して、「しゃちかぜの左舷船首付近及び甲川丸の右舷船尾付近にはそれぞれ損傷等がみられることから、両船は本件事故前後に接触したことが認められる。」とした上で、両船の損傷状況をつぶさに検討した結果（塗膜剥離など極めて軽微、接触部位からして両船が水平方向に衝突しただけで接触する位置関係になく、両船の間に少なくとも35度以上の相対的な横傾斜角度が形成されたときに接触する位置関係にあることなど）を挙げて、結局、「両船の損傷の程度、位置関係、性状、船体の強度・重量の格

差、しゃちかぜの当時の航行速度を総合して考えると、本件事故は、両船が互いに水平にバランスを保って航走していたときに、しゃちかぜが甲川丸に衝突したことによって生じたものとは考えがたく、」、「しゃちかぜは甲川丸に比べて大型であり、当時はその最高速度（約26ノット）を大きく下回る速度で航走していたのに対し、甲川丸は小型である上、終始全速力で逃走していたもので、船の安定性において格段の差があったと考えられることを併せ考えれば、本件事故は、両船が接近併走していたときに、甲川丸の方が何らかの原因でバランスを崩し、同船の方からしゃちかぜに接触し、そのまま転覆したものと認めるのが相当であり、しゃちかぜの方が甲川丸に衝突し、その衝撃によりこれを転覆させたものとは認められない。」としてしゃちかぜが甲川丸に接触して、転覆させたという主張を退けた。

(4) **仮にしゃちかぜが甲川丸に衝突した事実が認められないとしても、甲川丸が転覆したことは、しゃちかぜの接近併走行為がそれだけ危険であったのではないかについての判断**

原告らの「仮にしゃちかぜが甲川丸に衝突した事実が認められないとしても、衝突もしないのに甲川丸が転覆したということは、しゃちかぜの接近併走行為がそれだけ危険であったということにほかならず、追跡方法が不相当であることに変わりはない。」旨の主張に対しては、「接近併走の方法態様等に照らせば、これにより甲川丸が転覆する具体的危険性があったとは認められない上、接近併走行為によって甲川丸を転覆させるだけの物理的作用がはたらいたことを認めるに足りる証拠はないことに照らせば、接近併走中に転覆事故が発生したという結果をもって直ちに追跡方法に不相当な点があったと認めることはできない。」としてこれを退けている。

(5) **しゃちかぜのS船長には、甲川丸との衝突や接触を生じないよう細心の注意を払い、操舵に万全を期すべき注意義務があったのに、捕捉を優先するあまり、接近航走中に水深を気にするなどして甲川丸から目を離した注意義務違反があったのではないかについての判断**

この主張に対して、「S船長は、当時、前方に漁港が近づき、水深が浅くなっていたため、甲川丸に比べて喫水の深いしゃちかぜが安全に航走するために必要な措置として、ほんのわずかな時間、ＧＰＳの表示に目を遣ったにすぎないものと認められるから、これをもって注意義務違反であるとはいえない。」として、甲川丸から目を離したことに伴う注意義務違反を退けている。

こうして、しゃちかぜの追跡行為には、いささかの違法性もなかったと判断した。

◆ 救助義務違反についての判断

原告らの救助義務違反があったとの主張に対して、「しゃちかぜは、甲川丸の転覆後、直ちに名古屋海上保安部に事故の報告を行うとともに、浮上した乙山船長及び丁男を救助し、さらに、行方不明であった亡・丙男を捜索するため、潜水士の手配を要請し、自らも応援が到着するまでの約１～２時間にわたり、探照灯や懐中電灯、双眼鏡を使用し、当初は甲川丸の周囲としゃちかぜの後方を重点的に約100メートル四方を、その後は範囲をさらに広げて捜索を継続していたものである。また、その後、被告が、夜間にしゃちかぜの探照灯を照射し、双眼鏡を使用して捜索した場合の視認可能距離について実況見分を実施したところ、少なくとも約300メートル先の海上に浮いている物件が視認可能であったことが認められる。」として、甲川丸が転覆後に惰性や潮流である程度移動した可能性を考慮しても、しゃちかぜは、亡・丙男が浮上すれば直ちに発見し、これを救助できる態勢であったと認められ、何ら救助活動が不適切であったとは認められない。」と判示して、しゃちかぜ乗組員の救助義務に何らの瑕疵はないとした。

判示部分でも触れているように、全国の海上保安部では、平成７年以降、甲川丸とほぼ同規模の逃走中の船に対する移乗は20件余り行われているが、逃走船が転覆した事例は１件もなかったことが明らかにされているところ、本件のように接近併走中の被追跡船舶の転覆は稀有の現象とも思われる。

なお、本件では、甲川丸の転覆原因は、両船の接近航走による発生過程の船

首波の干渉により発生した波の影響と考えられる旨の鑑定意見書が提出されていたが、判決は、「鑑定意見は、転覆原因について1つ可能性を指摘するものとしての意義はあるが、これを直ちに採用して本件の転覆原因が接近航走による上記波の影響であるとまでは認められない。」として、船首波の干渉により発生した波の影響は1つの可能性の問題にとどめた。

　海上における巡視艇等における追跡活動は、陸上のパトカー等による追跡活動と異なり、停船命令を無視した逃走船舶に対しては、停船を求め、必要な検査、質問等を行い、時には現行犯逮捕のため、逃走船舶に接近し、併走しつつ、移乗手段を取る必要がある。

　その場合、逃走船舶への移乗には、接近併走行為が必然的に伴うことから、海流、気象条件、逃走船舶の操船技量・積荷の移動等に起因して両船同士が衝突する可能性もあり、追跡方法の相当性確保に留意しなければならないことはいうまでもない。

　なお、原告らの「甲川丸はしゃちかぜに高速で接近併走され、停船すれば衝突する危険な状況であったため、停船することもできず、逃走を続けるほかなかった。」との主張に対しては、「しゃちかぜは、甲川丸の急激な減速、停船に備えて、真後ろからの接近航走は避け、その右後方を等速度で平行に併走していた。」として原告ら主張の事実を認めるに足りる証拠はないとしてその主張を退けたが、同様な主張は、追跡の相当性に関し、陸上のパトカー等による追跡活動においても考えられる。この点（追跡活動に際し、いかに追跡の相当性を確保すべきか）に関し、第1「パトカー等警察車両による追跡活動における実務のあり方」の31ページの「イ　追跡の相当性について考慮すべき事項」において言及したとおりであるが、相当性を欠く行為として前記№4の徳島地裁判決の指摘した「幅寄せ行為」のほかに、必要な車間距離を確保しないで、高速度かつ至近距離で追跡中に、赤信号を無視した逃走車両が第三者（車両）と衝突事故を起こした場合、逃走車両（被疑者）から、パトカーが高速で至近距離で迫ってくるので停止に応ずれば、パトカーに追突され事故を起こす危険な状況であったので止まることができず、赤信号で交差点に進入せざるを得なかった（現にパトカーもその後、追突事故を起こしている）などとの抗弁を許すこ

ととなろう。したがって、追跡に当たっては、必要な車間距離を確保することが追跡の相当性を主張する上で大切なことといえる。

第3 より深い理解のために

第3　より深い理解のために　155

　第1「パトカー等警察車両による追跡活動における実務のあり方」及び第2「判例編」の理解により、パトカー等の追跡活動の現場において十分な対応が可能である。

　本項では、第3「より深い理解のために」として、パトカーに追跡された逃走車両（加害車両）が第三者に損害を生じさせた場合の損害賠償請求事件について、第2「判例編」で取り上げた最高裁第一小法廷昭和61年2月27日判決以前における裁判例も判決年順に紹介し、それを別表（183ページ以降）に取りまとめたので、これにより追跡活動をめぐる損害賠償請求事件全体が把握できることとなる（なお、第2「判例編」で取り上げたNo.4の徳島地裁平成7年4月28日判決については、逃走車両が第三者に損害を生じさせた事故とは若干異なるため除いた。）。

　これらの裁判例をみると、賠償責任を肯定する裁判群と賠償責任を否定する最高裁判例に代表される裁判群とに分かれ、両者は問題に対するアプローチにおいて顕著な差異が見られることに注目することができる。

　そこで、まずこれらの裁判例を概観することとする。

　事案Ⅰ

　　札幌地裁昭和51年4月20日判決（北海道〈道警〉側の責任否定　判時No.831）
　　～速度違反車を追跡中、交差点で逃走車両が第三者（被害車両・原告）
　　　に衝突させた重傷事故に係る損害賠償請求事件～

◆　事案の概要　◆

　A巡査らは、Z（加害者）の速度違反を現認しサイレンを吹鳴させ、パトカーのマイクにより停止を呼びかけたが、これに応じないばかりか、免許停止をおそれ検挙を免れようとして、赤信号を無視し、更に前照灯を消して時速約80キロメートルで逃走したため、このまま追跡を継続しても停止させるのは困難と判断し、減速したところ、Z（加害者）は一時停止を無視し交差点に突っ込み、交差点を通行中の第三者（車両）に衝突させ、第三者（車両）の乗務員2名

（原告）に重傷を負わせたもの。

◆ 原告の主張 ◆

A巡査らは、Z（加害者）が南17条西9丁目交差点において信号無視を犯し、ついで前照灯を消灯した時点において、Z（加害者）は異常な精神状態に陥り、そのまま追跡を続ければ同車の無謀運転により他車と衝突する危険があることを予見し、又は予見し得たのであるから、追跡行為を中止すべき注意義務があったのにこれを怠った。

● 判決要旨【損害賠償請求を棄却】●

Z（加害者）は「本件パトカーから追跡されて逃走中意識が転倒混乱した。」趣旨の供述をしているが、南17条西9丁目交差点通過に際しての巧みな運転操作、その直後の意識的な前照灯の消灯、南17条西8丁目交差点における高速下での確かな操作による右折、西8丁目通りにおいて走路を狭い舗装部分に保持した上での高速走行の諸点を総合すれば、右供述はたやすく信用し難く、かえってZ（加害者）は、当時、それ自体の存在が無謀な運転を招来するような精神的混乱に陥ってはいなかったと認めることができる。

しかしながら、主張の地点以降におけるZ（加害者）の運転態度をみると、その態度による運転が継続する限り、通行人あるいは他の車両に衝突する危険が生じたことは否めず、そしてA巡査らにおいてもこの危険を認識したことは明らかである。

さて、警察法第2条に定める責務を有する警察官は、現行犯を現認した以上これを放置することは許されず、司法警察権に基づき、速かに犯人の検挙、場合によっては逮捕の職責を有し（警察法2条、65条、刑事訴訟法213条等参照）、そしてその職責、遂行のために犯人を追跡し得ることは当然のことであり、また、道路交通法違反の行為により交通事故発生のおそれがあり道路交通の安全と秩序が犯されている場合にあっては、行政上の目的からする警察権の行使として、速かに違反状態を摘除して右の安全と秩序の回復をはかるべく（警察法2条、警察官職務執行法1条、2条、4条参照）、そのためには違反車両を停

止させあるいは停止させるためにこれを追跡し得ることも多言を要しない。そして更に、交通事故発生の危険があって、急を要する場合には危害を受けるおそれのある者に対し危害を避けるため避難させ、あるいは危害防止のため通常必要と認められる措置を、警察官自らとることができるのである（警察官職務執行法4条）。

これを本件についてみると、A巡査らの追跡行為は、1つにはZ（加害者）を現行犯人として検挙あるいは逮捕する目的にでたものであり、2つには交通事故発生の危険のある違反行為を摘除し、もって道路交通の安全と秩序回復を図る目的にでたものであるから、正当な職務行為である。のみならず、ことに前照灯消灯以後のZ（加害者）の運転態度に照らせば、警察官としては、速かに道路交通の安全と秩序を回復するため加害車を追跡停止させて違反状態を摘除することに努めるとともに、その間においてサイレンの吹鳴により通行人及び他車両に交通事故の危険が迫っていることを警告し、もって避譲措置をとらせることが必要であったというべく、A巡査らのとった行動はその趣旨に添ったものということができる。

これに加え、前記認定の追跡方法は妥当なものであったと認めることができる。

してみると、A巡査らにおいて、加害車の追跡行為を中止すべき義務があったとする原告らの主張は採用できない。

事案Ⅱ

横浜地裁昭和52年1月25日判決（神奈川県〈県警〉側の責任肯定・その後控訴取下げにより確定　判時No.855）

～面識のある無免許運転の男を追跡中、逃走車両が第三者（被害者・原告）に衝突させた重傷事故に係る損害賠償請求事件～

◆　**事案の概要**　◆

パトカー乗務の警察官Bは、面識のあるT（加害者）が無免許で乗用車を運転しているのを現認し、赤色灯を点灯し、サイレンを吹鳴させ追跡したところ

逃走途中、交差点でいったん停止したが、Tは無免許のため逃走することのみ考え再度急発進させ、その後時速50キロメートルないし60キロメートルで逃走、途中接触事故を起こし、更に通行人や駐車車両を避けるため蛇行進行、暴走させて街路灯に接触させた後、付近店舗に飛び込み店頭にいた第三者（被害者・原告）に衝突させ、重傷を負わせたもの。

なお、追尾した道路は幅員5.5メートルないし8.5メートルのアスファルト舗装、制限速度時速40キロメートル規制、周辺は商店街、事故現場付近では道路幅員7.1メートル、歩車道の区別なく、平坦で日没直後で街路灯がつき、薄暗い状態であった。

◆ 原告の主張 ◆

人通りが多く有効幅員の狭い、制限速度時速40キロメートルの規制のされている道路を時速70キロメートル以上の高速度でパトカーが無免許運転者の運転する車両を追尾するときは、無免許運転者が冷静さを失い、乱暴な運転にでて運転操作を誤り、交通事故を発生させ、一般市民に損害を生じさせることは経験則上容易に予測できるところである。また、B（パトカー乗務の警察官）は、T（加害者）の氏名を知り、その住所についてもこれを知り又は容易に知り得たのであるから、車両番号を控えたり、パトカーの拡声器で停止を説得したり、無線で包囲網を張る等の方法をとり、加害車の追尾を中止するか追尾速度を減速する等して、一般市民への損害の発生を防止する義務があるところ、これを怠り、漫然、前記速度で加害車を追尾した過失によりT（加害者）をして加害車を暴走せしめ本件事故を発生させたものである。

● 判決要旨【損害賠償責任を肯定】●

T（加害者）の運転は、逮捕を免れるためにはその速度、方法等をも顧みない無謀なものであって、道路状況等に照らし、第三者の生命身体に対し重篤な危害を加える可能性の極めて高いものといわざるを得ない。

そして、T（加害者）は、一応の運転技能を有するといえるものの、無免許者にすぎず、逃走状況（筆者注：追尾され逃走途中、交差点でいったん停止し

たが、無免許のため逃走することのみ考え再度急発進させ、その間時速50キロメートルないし60キロメートルで逃走、途中接触事故を起こし、さらに通行人等を避けるため蛇行進行、暴走させた）にもみられるように思慮、分別を欠く、衝動的性格の非行少年であるので、パトカーが追尾を継続する限り右のような危険な方法で逃走を継続し、その間、同人の受ける心理的影響とあいまって、事故発生の危険を増大させるであろう事実は容易に予測されるものといえる。

そして、B（パトカーにて追跡の警察官）は、加害車の動静を注視しながら追尾しているのであるから、右のような危険を予測させる前提となるT（加害者）の運転速度、方法及び道路状況等の事実を十分認識していたのであり、そうすると、Bとしても、当然、追尾の継続による事故の発生を予見しなければならなかったものといえる。

また、本件においては、特に前記のとおり、BはT（加害者）の氏名を知り、当時は未だ薄暗い程度であったので加害車の車両番号を確認することも可能であったと考えられるから（パトカーは加害車と併進したこともあり、いったんは停止中の加害車の約4メートル後方まで接近している。）、強いて現行犯逮捕を行わずとも事後の捜査に待つ判断も可能であった。

そうすると、Bとしては、追尾の継続が第三者への危害の発生を予測させるのであるから、加害車の追尾を中止するか、又は追尾の継続によるT（加害者）への心理的影響を考慮して道路状況に応じた安全速度に減速する等して第三者への損害の発生を防止すべき注意義務があるのに、取締りを急ぐ余り右注意義務を欠き、加害車を同一速度で追尾し続け、その追尾の継続によって、加害車をして本件事故を発生させた点につき過失があるものといわねばならない。

もっとも、Bがパトカーで加害車を追尾したことは、T（加害者）との関係においては、警察官としての適法な職務行為と認めることができる。

しかしながら、そのような場合にも、第三者の法益を侵害することを極力避けなければならないことは当然であり、他に手段方法がなく、第三者の法益の侵害が不可避であって、かつ、当該追尾によって達成しようとする社会的利益が、侵害される第三者の法益を凌駕する場合にのみ、第三者の法益侵害につき違法性を阻却されることがあり得るにすぎないものと解すべきものである。

これを本件についてみると、Bの追尾によって達成しようとする社会的利益が軽視し得ないものであることはいうまでもないが、そのためにBのとった方法は、第三者の生命、身体に対し重篤な危害を加える可能性が極めて高い態様のものであり、しかもその方法でなく他の取締りの方法が十分考えられるのであるから、原告に負わせた傷害の部位、程度の重大性に鑑みれば、Bの追尾の継続が原告との関係において違法性を阻却されるものとは到底いえない。

┌─事案Ⅲ─────────────────────────────
│ 富山地裁昭和54年10月26日判決（富山県〈県警〉側の責任肯定　判時№951）
│ ～第2「判例編」№1に紹介した事案（事案Ⅸ）と同一事故で、最初にX（加害者）に衝突されたY運転車両の同乗者の死亡（原告・死者の遺族）に係る損害賠償請求事件～
└───────────────────────────────────

◆ 事案の概要 ◆

第2「判例編」№1（61ページ参照）に紹介した事案のとおり。

◆ 原告の主張 ◆

・　X車両（加害車両）のUターン逃走に対し再追跡をした過失

　X車両（加害車両）は速度違反車として追跡されるや、時速約100キロメートルに加速して逃走し、いったん停車後も突如としてUターンして再び時速約100キロメートルの高速度で逃走したものであるから、このような場合、交通違反車を取り締まるパトカー乗務員の警察官としては、X（加害者）の逃走の意思が固く、これを追跡しても検挙するのは困難である上、その速度を考慮すれば交通事故の発生する具体的危険のあることを十分予想し得たし、また、同車が県外車であること及びその車両番号も確認済であって無線手配等により取り締まることも十分できたのであるから、X車両（加害車両）がUターンして再び逃走を開始した時点で追跡を中止すべき注意義務があったにもかかわらず、これを怠り、漫然と本件パトカーを時速約100キロメートルの高速度で、しか

も、逃走車両と約20メートルないし50メートルの至近車間距離で約3キロメートルにわたって走行追跡するという過失を犯し、その結果Ｘ車両（加害車両）をして本件事故を惹起せしめた。

・　東町交差点左折後もなお追跡を継続した過失

　本件パトカーが再追跡後、東町交差点を左折するまで、Ｘ（加害者）が従前どおりの高速度のまま4つの交差点の信号を無視し、内2～3か所は明らかに赤信号を無視し、途中トラックを1台追い越したり、右側車線にはみだして走行し、同交差点では信号待ちで停車中の車が2台あったのに割り込むように右折車線から赤信号を無視して同交差点内に進入し、大回りで左折するなど乱暴で危険な運転をしたことから、同人の逃走の意思がより固くなっていることが明らかであり、しかも左折方向の道路は国道より狭く交差道路も多く危険であったのであるから、このような場合、交通違反車を取り締まるパトカー乗務員の警察官としては、このまま追跡を継続すれば、追跡から逃れんがため必死になっているＸ（加害者）がなおも交差点の赤信号などを無視して超高速度で突進し、あるいは運転操作を誤るなどして交通事故などの災害を発生させ一般市民に損害を生じさせるであろうことが十分予想し得たのであるから、追跡を即座に中止し、通常の速度に減速して一般警ら活動に切り替え、その後は無線により包囲網を張るなどの措置をとって一般市民への損害の発生を未然に防止すべき注意義務があるのに、これを怠り、漫然と従前の速度に近い高速度で追跡を継続した（本件の追跡距離は合計約4～5キロメートルにも及ぶ。）過失により、Ｘ車両（加害車両）を暴走せしめ本件事故を惹起せしめた。

●判決要旨【損害賠償責任を肯定】●

　パトロールカーに乗務して交通取締りに従事する警察官は、道路交通法等の交通法規に違反した車両を発見した場合等には、司法警察権（現行犯人逮捕・刑事訴訟法213条）、あるいは行政警察権（職務質問・警察官職務執行法2条等）の行使として、当該違反車両等を停止させ又はその運転者を逮捕しあるいはこれを追跡する権限及び義務を有することはいうまでもない。しかしながら、違反車両が警察官の停止命令に従わずあくまで逃走を続けるような場合には、交

通取締に従事する警察官としては、そもそも道路交通の安全と円滑を確保する目的のためにその職務に従事しているのであるから、違反車両の現場における捕捉のみをいたずらに求めることなく、道路交通の安全と円滑、一般人の生命・身体・財産の安全を確保しつつ違反車両の検挙を図るため適切な方法をとらなければならない。

　緊急自動車の1つであるパトロールカーには、道路交通法上法令の規定により停止しなければならない場合でも停止することを要しない（同法39条2項、同項但書によれば、この場合においても他の交通に注意して徐行しなければならない。）、速度違反車を取り締まる場合には速度制限規定は適用されない（同法41条2項）などの特例を認められているけれども、違反車両の追跡にあたっては、交通事故を惹起することのないように注意して走行すべき注意義務があることは一般車両と何ら異なるものではなく、さらに、自車の追跡行為により被追跡車両が暴走するなどして交通事故を惹起する具体的危険があり、かつ、これを予測できる場合には、追跡行為を中止するなどして交通事故の発生を未然に防止すべき注意義務があるものと解する。

　そして、その際に追跡を継続すべきか否かは、逃走車両の逃走態様及びその程度、道路及び交通の状況、違反の程度及びその態様、追跡の必要性（追跡の必要性が低い場合にはより慎重な運転態度が要求される）等を総合的に検討してこれを決すべきものというべきである。

　（事実関係を踏まえ、甲巡査らパトカー乗務の警察官の過失の有無について、）

　X車両（加害車両）は、Uターンして逃走を開始した後、東町交差点までの約2キロメートルの間、時速約100キロメートルの高速度で途中赤信号を無視しセンターラインをはみだして走行するなどの暴走運転を行い、さらに、同交差点の信号が赤であるのにこれを無視して右折車線から大回りして同所を左折したのであるが、逃走方向である通称しののめ通りは、交差する道路が多い上に、途中の雄山町交差点からは片側1車線の市街地に向う道路であるから、このようなX車両（加害車両）の逃走の態様、道路及び交通状況に照らすと、東町交差点を左折後もそのまま追跡を続行したならば、同車の暴走により、通過する道路付近の一般人の生命・身体・財産等に重大な損害を生ぜしめる客観的

可能性は極めて高かったものというべきであり、また、そのことは、甲巡査らにおいても十分認識できたものというべきである。

しかも、同巡査らは、X車両（加害車両）がUターンした時点ですでに、同車の車両番号を確認し、同車の車両番号、車種、車色、逃走方向等について無線手配を行い、右手配に対し検問開始がなされたとの無線を傍受していた上、東町交差点通過時にはさらに同車の逃走方向を無線手配したのであるから、あえて追跡を続行しなくとも交通検問など他の捜査方法ないしは事後の捜査によりこれを検挙することも十分可能であったというべきである。

そうであるとすれば、甲巡査らとしては、東町交差点を左折した時点において、追跡の継続がX車両（加害車両）の暴走運転を続行せしめ、一般人を被害者とする不測の交通事故を発生せしめるおそれが大であることを予測し得たものであるから、直ちに追跡速度を減じるか、追跡を中止するなどの措置をとって右の如き交通事故の発生を未然に防止すべき注意義務があったものというべきところ、同巡査らは検挙を急ぐあまり、右注意義務を怠り、東町交差点左折後も少なくとも雄山町交差点付近まで時速約80キロメートルの高速度で追跡を続行するという過失を犯したものというべきである。

（富山県〈県警〉側の本件追跡行為は、適法な職務行為であるから違法性がないとの主張に対しては、）

本件パトカーの追跡行為は、X車両（加害車両）の道路交通法違反の行為を規制し、同人を検挙するという関係では正当な司法警察権の行使として適法な職務行為と認められるが、亡N（X車両に最初に衝突されたY運転車両の同乗者）に対する関係では追跡行為に伴う右のような注意義務違反があるのであるから違法たることを免れるものではなく、右主張は採用できない。

┌─事案Ⅳ─────────────────────────
│　東京地裁昭和56年3月31日判決（東京都〈警視庁〉側の責任否定　判時
│No.1023）
│　～速度違反及び信号無視を追跡中、交差点で逃走車両が第三者（被害車
│　　両・原告）に衝突させた重傷事故に係る損害賠償請求事件～
└──────────────────────────────

◆ 事案の概要 ◆

　暴走族取締り中のＣ巡査らは、Ｗ（加害者）の速度違反及び信号無視を現認し、サイレンを吹鳴させ、パトカーのマイクによる停止呼びかけをしたが、これに応じないばかりか、深夜前照灯を消して数か所の交差点をいずれも通行区分に違反して対向車線に進入し、かつ、赤信号を無視して時速約60キロメートルないし70キロメートルでの速度で逃走中、更にＷ（加害者）は赤信号を無視し交差点に突っ込み、青信号に従って交差点を通行中の第三者（車両）に衝突させ、第三者（車両）の運転者（原告）に重傷を負わせたもの。

◆ 原告の主張 ◆

　Ｗ車（加害車両）は、パトカーの追跡を受け始めるや前照灯を消して加速し、Ｄ巡査の度重なる警告を無視して逃走を続け、各交差点において赤信号無視、通行区分違反、制限速度違反の暴走行為を反復していたのであるから、Ｃ巡査らは本件パトカーが追跡を続行すれば、Ｗ車（加害車両）が第三者の生命身体に重大な危害を加える危険性が極めて高いこと、また、追跡を続行してもＷ車（加害車両）の無謀運転を停止させ検挙することが極めて困難であることを十分認識しており、かつ右追跡中にＤ巡査はＷ車（加害車両）の車種、車色、車両番号を確認しており、無線連絡による交通検問など他の捜査方法ないしは事後捜査により検挙が十分可能であったのであるから、Ｃ、Ｄ両巡査は、速やかに追跡を中止し、第三者に対する危害の発生を防止すべき注意義務があったにもかかわらず、これを怠り、Ｗ車（加害車両）と同一の高速度及び運転方法で追跡を続けた過失により、Ｗ（加害者）をして暴走行為を続けしめ、本件事故を発生させるに至ったものである。

● 判決要旨【損害賠償請求を棄却】●

　追跡を開始したＳ交差点から本件（事故現場）交差点までの距離は約2.1キロメートルにすぎず、本件パトカーが追跡を開始してから本件事故発生までの時間は多くとも2分間以内であったこと、Ｗ車（加害車両）は、Ｃ、Ｄ巡査が

第3　より深い理解のために　　165

警戒していたＳ交差点を既に制限速度違反、通行区分違反、信号無視の道路交通法違反を犯すとともに排気筒のマフラーを外すことによって生ずる異常に高い排気音をひびかせながら同交差点を通過したので、両巡査は直ちに本件パトカーに乗車して追跡を開始したのであるが、追跡開始当初の車間距離は約100メートルで、その後本件パトカーも信号にこそ従わなかったが交通安全上の配慮から交差点を通過する度に減速するなどしたため右距離は容易に縮まらず、Ｓ交差点から約1,000メートル離れたＵ交差点付近に至ってようやく車間距離が約40メートルないし50メートルに狭まったこと、Ｄ巡査はＴ信号機を過ぎた付近からＦ交差点を過ぎるまでの間にパトカー備え付けのマイクでＷ車（加害車両）に対し数回にわたり直ちに停止するよう警告を発したが、Ｗ車（加害車両）は右警告に従わず排気音をひびかせつつ各交差点で信号無視、通行区分違反を犯しては赤信号に従い停止中の車両を追い越す蛇行運転を繰り返すなどの暴走を続けたので、Ｃ巡査は本部に無線連絡するためＦ交差点付近でＤ巡査に対し、Ｗ車（加害車両）の車両番号を控えるよう指示し、自車の前照灯を上に向け、速度を上げてＧ交差点付近でＷ車（加害車両）に約20メートルないし30メートルの距離にまで接近したので、Ｄ巡査において車両番号を確認のうえ手帳に控えたが、控え終ったのはＧ交差点を過ぎたあたりで、Ｃ巡査としては更に被追跡車の運転手である被疑者の特徴を確認しようと努めている直後に本件事故が生じたもので、その間に右被疑者の検挙等の手配を依頼するため本部に無線連絡する暇はなかったことが認められ、他に右認定を左右する証拠はない。

　右認定事実、特に追跡開始後本件事故発生までの走行距離及び時間、車両番号確認のできた時点等を考えるならば、本件パトカーの追跡によってＷ車（加害車両）が暴走行為を続け、その結果第三者に危害を及ぼす危険性の高い状況下にあったとしても、両巡査において、本件事故発生以前に追跡行為を中止して検挙を断念すべきであったということはできず、右追跡行為を中止しなかったことをもって過失ありとすることはできない。

> 事案Ⅴ
> 富山地裁昭和57年4月23日判決（富山県〈県警〉側の責任肯定　民集40巻1号）
> ～第2「判例編」No.1に紹介した事件（事案Ⅸ）の第一審判決～

◆ 事案の概要 ◆

第2「判例編」No.1（61ページ参照）に紹介した事案のとおり。

◆ 原告の主張 ◆

・　X車両（加害車両）のUターン逃走に対し再追跡をした過失

　本件パトカーがX車両（加害車両）を違反車両として追跡を開始してからX車両（加害車両）がいったん停止するまでの間、甲巡査らは、X車両（加害車両）が追跡開始と同時に時速約100キロメートルに加速して逃走し始めたこと、途中いったん減速したが再び加速したこと、車両番号を既に確認し、県外車であることを確認していた。しかも、X車両（加害車両）はいったん停車後突如としてUターンし、時速約100キロメートルで逃走したのであり、この時点で、X車両（加害車両）の逃走の意思は固く追跡してもこれを停止させ検挙することは困難な状況にあることは容易に認識し得た。

　更に、夜間である上逃走車の時速を考慮すると交通事故の発生する具体的危険を十分予想し得たし、また、車両番号を確認済で無線手配等により十分取締り得たのであるから、甲巡査らは、X車両（加害車両）がUターンして再び逃走した時点で再追跡を中止すべき注意義務があったにもかかわらず、これを怠り、漫然と本件パトカーで時速約100キロメートルの超高速度で、かつ、逃走車両と約20メートルないし50メートルの至近車間距離で約3キロメートルにわたって走行追跡する過失を犯したものである。

・　東町交差点左折後もなお追跡を継続した過失

　東町交差点左折時点において、甲巡査らには、X車両（加害車両）が4つの交差点の信号機を無視し、内二、三か所は赤信号を無視して減速することもな

くそのまま突っきったこと、途中トラック1台を反対車線にはみ出して追い越したこと、東町交差点では信号待ちで停車中の2台の車に割り込むように右折車線から赤信号を無視して同交差点内に進入し大回りで左折するなど乱暴で危険な運転をしていたことからも、X（加害者）の逃走の意思がより固くなっていることが明らかであり、しかも左折方向の道路は国道より狭く交差道路も多く危険であったのだから、このような場合、このまま追跡を継続すれば追跡から逃れんため必死に逃走しきろうとしているX（加害者）がなおも赤信号を無視して超高速度で突進し、あるいは運転操作を誤るなどして交通事故などの災害を発生させ一般市民に損害を生じさせるであろうことを十分予想し得たのであるから、甲巡査らは、東町交差点左折後は、追跡を即座に中止し、通常の速度に減速して一般警ら活動に切り替え、その後は無線により包囲網を張るなどの措置をとって一般市民への損害の発生を未然に防止すべき注意義務があるのに、これを怠り、漫然従前の速度に近い高速度で合計約4〜5キロメートルの距離の追跡を継続する過失を犯した。

● 判決要旨【損害賠償責任を肯定】●

　警察法第2条に定める責務を有する警察官は、現行犯を現認した以上これを放置することは許されず、司法警察権に基づき、速やかに犯人の検挙、場合によっては逮捕の職責を有し（警察法2条、65条、刑事訴訟法213条）、その職責遂行のため犯人を追跡し得ることは当然のことであり、また、道路交通法違反の行為により交通事故発生のおそれがあり道路交通の安全と秩序が犯されている場合にあっては、行政警察権に基づき、速やかに違反状態を摘除して道路交通の安全と秩序の回復を図るべく（警察法2条、警察官職務執行法1条、2条）、そのために違反車両を停止させ又は停止させるためこれを追跡し得ることも多言を要しない。

　しかしながら、交通取締に従事する警察官は、単に違反者の検挙のみを目的とするものではなく道路交通の安全と円滑を確保することをもその目的として職務に従事しているのであるから、違反車両が警察官の停止命令に従わずあくまで逃走を続けるような場合、違反車両の現場における検挙のみをいたずらに

求めることなく、併せて道路交通の安全及び円滑、一般人の生命、身体及び財産の安全の確保をも図らなければならず、一般人の生命、身体、財産の安全を確保し得る適切な方法により違反車両の検挙にあたらなければならない。

　緊急自動車の1つであるパトカーには、道路交通法上、法令の規定により停止しなければならない場合でも停止することを要せず（道路交通法39条2項）、また、速度違反車を取り締まる場合には速度制限規定は適用されない（同法41条2項）などの特例が認められているけれども、違反車両の追跡にあたって、自ら交通事故を惹起することのないように注意して走行すべき注意義務があることは一般車両の場合と異ならず、さらに、自車の追跡行為により被追跡車両が暴走するなどして交通事故を惹起する具体的危険があり、かつ、これを予見できる場合には、追跡行為を中止するなどして交通事故の発生を未然に防止すべき注意義務がある。

　そして、その際に追跡を継続すべきか否かは、逃走車両の運転速度及びその態様、交通違反の程度及びその態様、道路及び交通の状況、違反車両検挙のための他の手段の有無等追跡の必要性を総合的に検討して判断すべきである。

　これを本件についてみると、X車両（加害車両）は、Uターンして逃走開始してから東町交差点に至るまでの約2キロメートルの間、道路の両側に主として会社や商店等が立ち並んでいる市街地を指定最高速度時速40キロメートルをはるかに超える時速約100キロメートルの高速度で、途中赤信号を無視し、法規に違反してセンターラインをはみ出して走行するなどの暴走運転を行い、東町交差点では、信号待ちで停車中の先行車がいたのに赤信号を無視して右折車線から大回りで左折したものであり、また、逃走方向である通称しののめ通りは、道路の両側に民家や商店が立ち並ぶ市街地道路で交差する道路が多く、途中の雄山町交差点までは片側2車線であるが、国道8号線よりは道路の幅員がせまく、同交差点からは片側1車線となっており、さらに、甲巡査らはX車両（加害車両）がUターン逃走する以前にすでに同車の車両番号を確認しており、Uターン直後に同車の車両番号、車種、車色、逃走方向等について無線手配を行い、右手配に対し検問が開始された旨の無線を傍受していたし、また、東町交差点を左折直後、X車両（加害車両）の逃走方向を無線手配していた。

したがって、このようなX車両（加害車両）の運転速度及び逃走態様、道路及び交通の状況に照らすと、東町交差点左折後もそのまま追跡を続行したならば、同車の暴走により通過する道路付近の一般人の生命、身体又は財産に重大な損害を生ぜしめる具体的危険が存し、また甲巡査らも右のような危険を予測し得たものというべきである。

しかも、あえて追跡を継続しなくても交通検問など他の捜査方法ないし事後の捜査によりX（加害者）を検挙することも十分可能であったと認められる。

してみれば、甲巡査らは、東町交差点を左折した時点で、直ちに追跡を中止する等の措置をとって第三者への損害の発生を防止すべき注意義務があったものというべきところ、検挙を急ぐあまり右注意義務を怠り、東町交差点左折後も少なくとも雄山町交差点付近まで時速約80キロメートルの高速度で至近車間距離で追跡を継続するという過失を犯したものというべきである。

（富山県〈県警〉側のパトカーによる追跡行為は司法警察権及び行政警察権に基づく正当な職務行為であって違法性がなく、本件の場合、追跡は警察の責務を達成するために必要不可欠な手段であったとの主張に対し、）

本件パトカーの追跡行為は、X（加害者）の道路交通法違反の行為を規制し、同人を検挙するという関係においては正当な司法警察権の行使として適法な職務行為と認められるが、そのような場合にも、第三者の法益を侵害することを極力避けなければならないことは当然であり、他に手段方法がなく、第三者の法益の侵害が不可避であって、かつ、当該追跡によって達成しようとする社会的利益が侵害される第三者の法益を凌駕する場合にのみ、第三者の法益侵害につき違法性を阻却されることがあり得るにすぎないものと解すべきである。

これを本件についてみると、追跡によって達成しようとする社会的利益が軽視し得ないものであることはいうまでもないが、そのために甲巡査らがとった方法は、第三者の生命、身体に対し重篤な危害を加える可能性が極めて高い態様のものであり、しかも他の取締りの方法が十分考えられるのであるから、原告らに負わせた傷害の部位程度の重大性にかんがみれば、本件パトカーの追跡の継続が原告らとの関係において違法性を阻却されるものとは到底いえない。

┌─事案Ⅵ─
  │　名古屋高裁金沢支部昭和58年4月27日判決（富山県〈県警〉側の責任肯
  │定　民集40巻1号）
  │　～事案Ⅴの控訴審～
  └──

《事案Ⅴ》の富山地裁昭和57年4月23日判決の控訴審であり、一審判決と同じ理由で富山県〈県警〉側の損害賠償責任を肯定した。その後、第2の「判例編」№1により、最高裁第一小法廷昭和61年2月27日判決により、原判決が破棄され、被上告人らの請求が棄却された（富山県〈県警〉側の責任否定）。

  ┌─事案Ⅶ─
  │　大阪地裁昭和59年12月24日判決（大阪府〈府警〉側の責任否定　判タ№
  │550)
  │　～追跡された逃走車両が高速道路出口の検問中の停止車両に衝突、その
  │　　衝撃で第三者の車両を炎上させ運転者を死亡させた事故（原告・死者
  │　　の遺族）に係る損害賠償請求事件～
  └──

◆◆　事案の概要　◆◆

　E巡査部長らは傷害事件発生に伴い（後に被害者が死亡し殺人事件）、現場付近を検索中のところ、車両内にシンナーを所持していたM（本件事故の加害者）がパトカーを認めたため急加速し赤信号を無視したことから、E巡査部長らは不審車両として本件事件に関連があるものと認め、これに停止を求めたが信号無視等を繰り返し逃走したため追跡したところ、逃走車両は高速道路に入り、時速約60キロメートルから150キロメートルの高速度で逃走したため、E巡査部長らの手配により数台のパトカーが追跡中のところ、M車（加害車両）は高速道路出口の検問中の停止車両に衝突、その衝撃で第三者（被害）車両を炎上させ、運転者を死亡させたもの。

第3 より深い理解のために　171

◆ 原告の主張 ◆

　M車（加害車両）は殺人事件との関連性も低く違反行為としては信号無視という軽微なものであったから、パトカーによる追跡はそもそも必要性が乏しかった上、M車（加害車両）の車両番号、乗員の人相等を確認、通報済みであったから検挙のための代替方法が存したし、同車は高速度でジグザグ運転をしながら逃走するのは極めて危険であり、同車が交通事故を惹起することを予見でき又は予見すべきであったから、追跡を中止するか、又は減速して追跡すべきであるのにこれを怠った過失があり、かつ、見通しの悪い高速道路出口の坂下に検問場所を設け通行車両を全面的に停止させるという不相当な方法で検問を行ったものである上、M車（加害車両）がパトカーに追跡されて逃走中であることを確認しており交通事故の発生を予見でき又は予見すべきであったから、車両が停滞し始めた時点で直ちに検問を中止するか、又は検問方法・場所を変更すべきであるのにこれを怠った過失があり、ともにM車（加害車両）の検挙、職務質問を目的とする右追跡行為と検問行為が不可分一体のものとして展開された結果両者が相まって本件を発生させたものである。

●判決要旨【損害賠償請求を棄却】●

　およそ警察官は、異常な挙動その他周囲の事情から合理的に判断して何らかの犯罪を犯したと疑うに足りる相当な理由のある者、又は既に行われた犯罪について知っていると認められる者を停止させて質問することができ（警職法2条1項）、また、現行犯人を現認した場合には、速やかにその検挙・逮捕に当たるべき職責を有する（警察法2条、65条）から、右職責を遂行するため容疑者又は犯人を追跡することができることは当然であり、重要事件が発生し犯行後間がなく犯人がいまだ逃走途上にあると認められる場合に、一時的に可能な限り大量の警察力を動員してその逃走路を遮断しあるいは潜伏が予想される地域を検索して、発生後これに近接した時点で犯人を捕捉することを主たる目的として緊急配備が発令された場合、これを受けて犯人の検挙捕捉を目的として緊急配備活動としての検問を実施することは警職法2条1項の趣旨から可能か

つ相当であることはいうまでもない。

　そして、このような職責を有する警察官の当該職務の遂行に関係して第三者に損害が発生した場合において右警察官に過失ありというためには当該職務の執行が本来の目的を遂行する上で不必要なものであり、かつ、とられた方法も相当性を欠くものであることを要すると解されるところ、本件においては追跡行為も検問行為もM車（加害車両）の検挙及び職務質問のために行われているのであるから一体のものとして捉えて警察官の過失の有無を検討すべきである。

　（この観点から、追跡行為について次のように判断した。）

　E（巡査部長）らが傷害事件（後に殺人事件となる）による緊急警戒の発令を無線で傍受したのは本件発生日の午後10時3分ころであり、事件現場付近に赴いてM車（加害車両）を発見したのが同日午後10時13分ころであってその時間的な差は10分間であり、距離的にも事件現場より北東約170メートルの地点であった上、M車（加害車両）はパトカーを認めるや急加速し赤信号を無視して逃走を開始し、E（巡査部長）らの停止指示をも無視して逃走を続けたのであって、右事実によれば、傷害事件発生の時間及び場所とM車（加害車両）を発見した時間及び場所との各近接性及びM車（加害車両）の不審な右行動全体から、E（巡査部長）らが傷害事件と何らかの関連があるのではないかとの判断を下したことには合理的な理由があり、また右信号無視は法定刑が3月以下の懲役又は3万円以下〔現5万円以下〕の罰金（道路交通法7条、119条1項1号の2）に当たる犯罪であるから軽微な違反行為にすぎないものということもできず、前記警察官の職務内容にかんがみれば、E（巡査部長）らがM車（加害車両）の検挙及び職務質問のために追跡を開始したことは、当該事情の下では十分必要性があり職務行為として相当なものであったといわなければならない。

　また、E（巡査部長）らはM車（加害車両）の車両番号、特徴等を府警本部通信指令室に通報しており、M車（加害車両）が阪神高速道路を時速約60キロメートルから約150キロメートルの高速度で一般走行車両の間隙を縫って逃走を続けたものではあるが、車両番号等を通報したとしても当該車両が盗難車等である可能性もあったからそのことから直ちに追跡に替わる検挙のための有効

な代替方策があるとはいえず、……〔中略〕……、さらに何よりもE（巡査部長）らは追跡中に傷害事件の被害者が死亡した旨の連絡を受けているのであり、この関連事件の重大性及びM（加害者）が交通違反を重ねつつひたすら逃走を続けているという尋常でない事態にかんがみ、また府警本部通信指令室から緊急配備が発令されていたことを併せ考えると、追跡を継続するE（巡査部長）ら及び通報を受けて追跡に参加したほか6台のパトカー乗務の警察官としてはその職責に照らして安易に追跡を断念することなく、追跡を継続したことは決して不当なものとはいえないのである。

（また、検問行為については、検問の必要性、検問場所の選定・方法も相当性があったことを踏まえて、次のように判断した。）

不審車がいかにパトカーに追跡されているとはいえ検問を強行突破し、又は検問のために停滞している車両にあえて突っ込んでくるような異常な行動に出ることは通常予見することができないものといわなければならない。

したがって、原告ら主張のように検問中止義務ないし検問場所・方法変更義務違反による過失を認めることはできないものといわなければならない。

事案Ⅷ

神戸地裁昭和60年9月25日判決（兵庫県〈県警〉側の責任否定　判時No. 1170）

～無免許等の発覚をおそれて信号無視を繰り返し逃走中、交差点で逃走車両が第三者（被害車両・原告）に衝突させた重傷事故に係る損害賠償請求事件～

◆　**事案の概要**　◆

F巡査らは、整備不良車両であるK車（加害車両）を現認したため、マイクで停止するよう求めたが、K車（加害車両）がこれに従わず、赤信号を無視して時速約40キロメートルないし50キロメートルで逃走したため、サイレンを吹鳴し追跡していたところ、K車（加害車両）は赤信号を無視して時速約60キロメートルの速度で交差点に進入したため、青信号に従い通行中の第三者（車両）

に衝突させ、第三者（車両）の運転者（原告）に重傷を負わせたもの。

◆ 原告の主張 ◆

　K車（加害車両）は、パトカーの追尾を振り切るため、約3キロメートルを赤信号無視を繰り返し、一方通行を逆行するなどして時速約70キロメートルないし80キロメートルで暴走し無謀運転を繰り返しており、第三者の生命身体に対し重篤な危害を加える可能性が極めて高いものであり、F（巡査）としても当然追尾の継続による事故の発生を予見しなければならなかった。

　また、F（巡査）は、K車（加害車両）の登録番号を確認したのであるから、事後の捜査に待つ判断も可能であった。そうすると、E（巡査）としては、追尾の継続が第三者への危害の発生を予測させるのであるから、K車（加害車両）の追尾を中止するか、追尾速度を減速する等して第三者への損害の発生を防止すべき注意義務があるのに、これを怠り、漫然、前記速度で追尾した過失によりK車（加害車両）を暴走せしめ本件事故を発生させた。

● 判決要旨【損害賠償請求を棄却】●

　思うに、パトカーに追跡され逃走中の交通違反車両が惹起した事故について、如何なる場合、パトカーの追跡行為に過失があるといえるかは、パトカーの緊急用務の遂行と交通安全確保との関連において、一義的に決することができず、結局、交通違反の態様、他の検挙方法の有無、追跡維持による事故発生の具体的危険性の有無程度等を総合勘案してこれを決するのが相当である。

本件パトカーの追跡行為の適法性

　K（加害者）は整備不良車を運転し、しかも本件パトカーの指示に従わないで逃走を続け、他に何らかの犯罪を犯し、若しくは犯そうとしていると疑うに足りる相当な事情にあったから、本件パトカーがK（加害者）を現行犯人として検挙し、K（加害者）及びLら（同乗者）挙動不審者に対する職務質問をする必要が存在していたことが明らかであり、したがって、本件パトカーの追跡行為は、正当な職務行為というべきである。

　本件パトカーは、緊急体制をとって右追跡行為中、K車（加害車両）の車両番号を確認しているものの、K（加害者）、Lら（同乗者）の面識がなく、

かつ当時夜間で同人らの人相を確知できなかった状況であったから、前記職務を遂行するため、車両番号確認後も、追跡行為を継続したのは、最善の方法であったといい得る。

　また、本件パトカーは右追跡行為中、K車（加害車両）の速度に合わせて追尾し、交差点では一時停止をし、安全を確認しながら走行していたのであるから、その追跡行為について、職務を逸脱した廉がない。

本件パトカーの追跡行為中止義務の有無

　K車（加害車両）は、赤信号を無視して本件交差点に進入し、本件事故を起こしたこと、本件交差点に至るまでの逃走経路中、何度にわたり赤信号を無視して交差点を通過したことは前認定のとおりであり、交差点での信号無視が事故の発生を招くおそれのある危険な行為であることはいうまでもない。しかし、パトカーに追跡された交通違反車両が信号無視を繰り返して逃走をしている場合、その信号無視が他の車両に危険をもたらすかも知れないというだけで、パトカーに追跡行為の中止義務を課すことは、逃走車両の運転者に交通違反するのを助長させ、遵法精神を喪失させる結果を招くから相当ではない。……〔中略〕……本件パトカーも、交差点では一時停止したり、K車（加害車両）の速度に合せて走行しており、交差点でK車（加害車両）を追いつめるようなことをしていなかったことが認められ、本件パトカーの追跡によってK車（加害車両）が信号無視を繰り返して走行していても、その結果、他の車両に危害を及ぼす具体的危険が差しせまっていた状況にあったといえず、したがって、本件パトカーにおいて、本件事故発生以前に追跡を中止して検挙を断念すべき義務があったとは、到底いえない。

事案Ⅸ

最高裁第一小法廷昭和61年2月27日判決（富山県〈県警〉側の責任否定　民集40巻1号）

〜パトカーが違反車両を追跡中に違反車両が第三者（車両）と衝突した交通事故で第三者（車両）の乗務員が重傷を負った事故（原告）に係る損害賠償請求事件〜

第2「判例編」No.1（61ページ参照）のとおり

---事案Ⅹ---

東京地裁昭和61年7月22日判決（東京都〈警視庁〉側の責任否定　判時No.1204）

（東京高裁昭和62年5月27日判決、控訴棄却・確定）

〜白バイが信号無視・ヘルメット着用義務違反の自動二輪車を追跡、自動二輪車は無免許運転の発覚をおそれて逃走中、第三者（自転車）に衝突させ死亡させた事故（原告・死者の遺族）に係る損害賠償請求事件〜

第2「判例編」No.2（82ページ参照）のとおり

---事案Ⅺ---

前橋地裁昭和63年9月26日判決（群馬県〈県警〉側の責任否定・確定　判例自治52号ほか）

〜パトカーが信号無視、ナンバープレート隠蔽等の自動二輪車を追跡、自動二輪車は逃走中に対向車と衝突し、同車の運転者・同乗者ともに死亡した事故（原告・死亡した同乗者の遺族）に係る損害賠償請求事件〜

第2「判例編」No.3（94ページ参照）のとおり

---事案Ⅻ---

仙台地裁平成7年10月30日判決（宮城県〈県警〉側の責任否定　公刊物未登載）

〜パトカーが違反車両を追跡中に違反車両が第三者（自動二輪車）と衝突した交通事故で自動二輪車が重傷を負った事故（原告）に係る損害賠償請求事件〜

第2「判例編」No.5（119ページ参照）のとおり

> 事案XIII
> 仙台高裁平成8年5月29日判決（控訴棄却・確定　公刊物未登載）
> ～事案XIIの控訴審～

● 解　説 ●

　賠償責任を肯定する裁判として、先駆けて現れたのが《事案II》の横浜地裁昭和52年1月25日判決である。これに対して、神奈川県〈県警〉側では控訴するも、その後控訴取下げしたため、紹介した12事案の中でも唯一、最終的に損害賠償が確定（敗訴）した裁判である。

　ほかに賠償責任を肯定する判決として《事案III》（富山地裁昭和54年10月26日判決）、《事案V》（富山地裁昭和57年4月23日判決）、《事案VI》（名古屋高裁金沢支部昭和58年4月27日判決）があるが、《事案V》は控訴審たる《事案VI》を経て、《事案IX》の最高裁第一小法廷昭和61年2月27日判決によって賠償責任が否定された。また、《事案III》は《事案V》と同一事案で、X（加害者）に最初に衝突されたY運転車両の同乗者の死亡（死者の遺族が原告となったもの）に係るもので、同様に昭和61年2月27日の最高裁判決により富山県〈県警〉側の責任が否定されている。

　かくして、賠償責任が肯定（確定）したものは、《事案II》の横浜地裁昭和52年1月25日判決であり、事案の概要は、パトカー乗務の警察官Bが警ら中、面識のあるT（加害者）が無免許で普通乗用車を運転しているのを現認し、これに停止を求めたところ、逃走したため、赤色灯を点灯し、サイレンを吹鳴させ追跡したところ逃走途中、交差点でいったん停止したが、Tは無免許のため逃走することのみ考え再度急発進させ、その後時速50キロメートルないし60キロメートルで逃走、途中接触事故を起こし、更に通行人や駐車車両を避けるため蛇行進行、暴走させて街路灯に接触させた後、付近店舗に飛び込み店頭にいた第三者（被害者・原告）に衝突させ、重傷を負わせた事案である。

　判決は、違法性を導くための理論付けを次のように判示した。

　「もっとも、Bがパトカーで加害車を追尾したことは、T（加害者）との関

係においては、警察官としての適法な職務行為と認めることができる。

しかしながら、そのような場合にも、第三者の法益を侵害することを極力避けなければならないことは当然であり、他に手段方法がなく、第三者の法益の侵害が不可避であって、かつ、当該追尾によって達成しようとする社会的利益が、侵害される第三者の法益を凌駕する場合にのみ、第三者の法益侵害につき違法性を阻却されることがありうるにすぎないものと解すべきものである。

これを本件についてみると、Bの追尾によって達成しようとする社会的利益が軽視しえないものであることはいうまでもないが、そのためにBのとった方法は、第三者の生命、身体に対し重篤な危害を加える可能性が極めて高い態様のものであり、しかもその方法でなく他の取締りの方法が十分考えられるのであるから、原告に負わせた傷害の部位、程度の重大性に鑑みれば、Bの追尾の継続が原告との関係において違法性を阻却されるものとは到底いえない。」

これは、逃走（加害）車両との関係では、追跡活動に当たる警察官の職務行為の適法性を認めるも、逃走（加害）車両により損害を被った第三者に対する法益侵害については、極めて厳格に解するもので、判決によれば、その要件は

① 第三者の法益侵害が許容されるためには、追跡という活動方法を選択する以外に他に手段方法がなく、

② 追跡活動中に第三者の法益侵害がどうしても避けることができない場合（不可避）であって、

かつ、

③ 追跡活動によって達成しようとする社会的利益が、侵害される第三者の法益を凌駕する場合にのみ、

第三者の法益侵害につき違法性を阻却されることがあり得ると解している。

かくして、《事案Ⅱ》の「判決要旨」に紹介したとおり、結局、「Bの追尾によって達成しようとする社会的利益が軽視しえないものであることはいうまでもないが、そのためにBのとった方法は、第三者の生命、身体に対し重篤な危害を加える可能性が極めて高い態様のものであり、しかもその方法でなく他の取締りの方法が十分考えられるのであるから、原告に負わせた傷害の部位、程度の重大性に鑑みれば、Bの追尾の継続が原告との関係において違法性を阻却

されるものとは到底いえない。」として、神奈川県〈県警〉側の責任を認めたのであった。

なお、《事案Ⅱ》の事案をみても、追跡に当たった警察官が無免許運転者と面識があり、氏名も確認していたという特別な事情があったにしても、パトカーは赤色灯を点灯し、サイレンを吹鳴して追跡し、時速約50キロメートルから60キロメートルの速度で逃走する被疑者を約30メートルの車間距離を確保して、約440メートル追跡したもので、被疑者は逃走することのみ考えて、駐車車両と接触事故を起こし、その後も通行人や駐車車両を避けながら蛇行運転等をしていたものであり、特異な逃走形態であったともいえないし、追跡の態様、方法においても格別問題とすべき点を見い出すこともできない。

判決が結局、賠償責任を認めたのは、判決の掲げた①追跡行為の選択以外、他の代替的な手段方法の不存在、②第三者の法益侵害の不可避性、③追跡によって得られる社会的利益と侵害される第三者の法益との比較衡量において、前者の社会的利益が後者の被害法益を凌駕していること、との違法性判断の規準に照らせば、本件第三者（被害者）の左下腿切断等という重傷（被害の重大性）の前には、違法性が阻却される余地は乏しくこのような結論となったものと考えられる。

しかし、この判決の考え方となっている法益侵害（被害）の重大性、結果の重大性という視点に対して、法益の比較論について追跡の利益の内容が一概にはいえないし、また、法益の侵害が偶然によっても左右されることもあるのではないか、つまり同一事故において重大な被害者に対しては追跡行為が違法、軽微な被害者に対しては追跡行為が適法ということもあり得るという批判もある。

この判決の考え方は、以後の《事案Ⅲ》（富山地裁昭和54年10月26日判決）、《事案Ⅴ》（富山地裁昭和57年4月23日判決）、《事案Ⅵ》（名古屋高裁金沢支部昭和58年4月27日判決）にも色濃く、大きな影響を及ぼした。

《事案Ⅲ》、《事案Ⅴ》及び《事案Ⅵ》の事実関係は、第2「判例編」№1に紹介したとおり、昭和50年5月29日の深夜、富山県下の国道において速度違反を現認されてパトカーに追跡された逃走車両が市道上の交差点において赤信号

を無視して進入し、第三者（車両）と衝突した事故であり、《事案Ⅲ》は逃走車両に最初に衝突された第三者（車両）の同乗者が死亡したもの、《事案Ⅴ》は最初に衝突された第三者（車両）が更に青信号に従って進行してきた第三者（車両）に衝突し、この乗務員3名が重傷を負ったものである。

《事案Ⅲ》、《事案Ⅴ》の判決は、前述のとおりであるが、そのうち《事案Ⅴ》の富山地裁昭和57年4月23日判決は、違法性判断の規準として「本件パトカーの追跡行為は、X（加害者）の道路交通法違反の行為を規制し、同人を検挙するという関係においては正当な警察権の行使として適法な職務行為と認められるが、そのような場合にも、第三者の法益を侵害することを極力避けなければならないことは当然であり、他に手段方法がなく、第三者の法益の侵害が不可避であって、かつ、当該追跡によって達成しようとする社会的利益が侵害される第三者の法益を凌駕する場合にのみ、第三者の法益侵害につき違法性を阻却されることがありうるにすぎないものと解すべきである。

これを本件についてみると、追跡によって達成しようとする社会的利益が軽視しえないものであることはいうまでもないが、そのために甲巡査らがとった方法は、第三者の生命、身体に対し重篤な危害を加える可能性が極めて高い態様のものであり、しかも他の取締りの方法が十分考えられるのであるから、原告らに負わせた傷害の部位程度の重大性に鑑みれば、本件パトカーの追跡の継続が原告らとの関係において違法性を阻却されるものとは到底いえない。」としており、先の《事案Ⅱ》の横浜地裁昭和52年1月25日判決と全く同様な理論構成をとっている。

そして、本判決の控訴審たる《事案Ⅵ》（名古屋高裁金沢支部昭和58年4月27日判決）においても、「第一審原告らの本訴請求についての当裁判所の認定判断は、次のとおり付加訂正するほか原判決の理由（原判決33枚目表2行目から52枚目裏10行目まで）と同じであるからこれを引用する。」として、原判決を支持し、一審判決と同様に富山県〈県警〉側の賠償責任を肯定した。

このような法益侵害の重大性、結果の重大性を前提とした厳しい違法性判断の規準のもとでの現実の適用場面では、違法性が阻却される余地は極めて乏しいといえる。

しかし、これらの判決群は、《事案Ⅸ》、第2「判例編」№1の最高裁第一小法廷昭和61年2月27日判決によって、原因とされる職務行為の正当性に立つ新たな違法性判断規準によって退けられることになった。

この点、遠藤博也教授は、《事案Ⅴ》の富山地裁昭和57年4月23日判決、《事案Ⅵ》の名古屋高裁金沢支部昭和58年4月27日判決に対して、「追跡行為の必要性、相当性の判断が抽象的なものとなっている。いわばフィクションに近いものとなっているといえる。それは結果である被害の重大性ゆえの原則的な違法を出発点とするかぎり、当然というべき認定判断の方法であった。」、そして《事案Ⅸ》の最高裁第一小法廷昭和61年2月27日判決と対比して、最高裁判決にいう「（追跡が）違法であるためには、追跡が不必要であり、または、追跡の開始・継続もしくは追跡の方法が不相当でなければならないとするのである。しかも、重要なことは、追跡の必要性がもっぱら職務目的遂行の見地から判断されるのであって、先の説のように、法益侵害の不可避の見地から判断されるのではない。問題は、結果からさかのぼって眺められるのではなく、時間の流れにそって、現実的に原因行為のほうから判断を積み上げていく認定判断の方法をとっている。このような現実主義の前に、第一審ならびに原審判決のフィクションのもろさが、原審認定事実を前提としつつ最高裁の破棄自判を招いたのであろう。」と述べておられる（判例評論334号）。

さらに、同教授は、「責任肯定例がとる結果からする考察方法は、被害者救済の見地からすると、大きなメリットをもっている。しかし、被害者の立場に立つと、逃走車両の運転者が殺人者であろうが、単なる速度違反者であろうが、はたまた逃走や追跡の態様・程度の微妙な差異がどうであろうが、被害は被害で同じことではあるまいか。……〔中略〕……むしろ、立法による救済がふさわしいように思われる。」との提言をされておられる。

これは、本事案の逃走車両による第三者被害が、死者1名、重傷者3名という重大な結果が生じていたことを踏まえての指摘といえる。

かくして、激しく争われた《事案Ⅲ》、《事案Ⅴ》、及び《事案Ⅵ》は、《事案Ⅸ》の最高裁第一小法廷昭和61年2月27日判決により示された「およそ警察官は、異常な挙動その他周囲の事情から合理的に判断してなんらかの犯罪を犯し

たと疑うに足りる相当な理由のある者を停止させて質問し、また、現行犯人を現認した場合には速やかにその検挙又は逮捕に当たる職責を負うものであって（警察法2条、65条、警察官職務執行法2条1項）、右職責を遂行する目的のために被疑者を追跡することはもとよりなしうるところであるから、警察官がかかる目的のために交通法規等に違反して車両で逃走する者をパトカーで追跡する職務の執行中に、逃走車両の走行により第三者が損害を被った場合において、右追跡行為が違法であるというためには、右追跡が当該職務目的を遂行する上で不必要であるか、又は逃走車両の逃走の態様及び道路交通状況等から予測される被害発生の具体的危険性の有無及び内容に照らし、追跡の開始・継続若しくは追跡の方法が不相当であることを要するものと解すべきである」との新たな違法性判断規準が追跡活動のリーディングケースとして実務上の指針とされ、また、以後の裁判実務をリードし、《事案Ⅹ》東京地裁昭和61年7月22日判決・第2「判例編」№2、《事案ⅩⅠ》前橋地裁昭和63年9月26日判決・第2「判例編」№3、《事案Ⅶ》仙台地裁平成7年10月30日判決・第2「判例編」№5、などの理論的拠りどころとされているのである。

別表　追跡活動に係わる損害賠償請求事件一覧表（事案Ⅰ～事案Ⅲ）

	分　析	事案Ⅰ（責任否定）	事案Ⅱ（責任肯定）	事案Ⅲ（責任肯定）
①	判決年月日	札幌地裁昭和51年4月20日	横浜地裁昭和52年1月25日	富山地裁昭和54年10月26日
②	追跡の端緒	速度違反の現認	無免許運転の現認	速度違反の現認
③	違反現認時間	午前0時25分ころ	午後7時ころ	午後10時50分ころ
④	逃走（加害）車	普通乗用自動車	普通乗用自動車	普通乗用自動車
⑤	追跡警察車両	パトカー	パトカー	パトカー
⑥	緊急車両の要件具備その他の配慮	赤色灯を点灯、サイレンを吹鳴、マイクで停止を呼びかけ	赤色灯を点灯、サイレンを吹鳴	赤色灯を点灯、サイレンを吹鳴
⑦	逃走速度	時速約64キロメートルから約80キロメートル	時速約50キロメートルから約60キロメートル	時速約100キロメートル（一時減速あり）
⑧	追跡距離	約850メートル	約440メートル	約4.7キロメートル
⑨	逃走（加害）車の特異な動向	赤信号を無視、進行車線上の停止車両と対向車線上の車両の間を通り抜けた後、前照灯を消灯したまま逃走	逃走することのみを考え、駐車車両と接触事故を起こし、その後も通行人や駐車車両を避けるため蛇行運転し逃走	赤信号を無視、対向車線はみ出し走行、信号待ち停止車両の前面を大回り左折し逃走、一時追跡を振り切ったと考え減速したが、追跡に気づき再び加速進行
⑩	逃走（加害）車との車間距離	約20メートルないし30メートルの車間距離を確保	約30メートルの車間距離を確保	約20メートルないし50メートルの車間距離を確保
⑪	逃走（加害）車のナンバー確認の有無	夜間の上、追跡に伴う車体の動揺ほか高速で移動している車両の動揺これに伴う視点の動揺があり、ナンバーの確認	ナンバーの確認はできなかった（なお、判示では、パトカーは加害車と併進したこともあり、いったん	追跡開始後、約970メートル地点の国道上で一時停止した際、ナンバーを確認した。

⑫ 道路状況・人家等の状況	・（追跡当初の道路は国道であり）舗装された歩車道の区別のある車道幅約16メートルの直線道路 ・その後直線道路（片側1車線）に逃走、商店と住居が混在し、照明灯がなく暗い ・更に逃走、歩車道の区別のない幅員11.5メートルの直線道路で、中央部分が4.5メートル幅で舗装されている。 なお、舗装部分以外の両側には電柱が立ち並び、車両の走行は舗装部分に制限されている。 ・道路両側には人家が立ち並び、照明灯がなく暗い道路であった。また、事故現場より約350メートル手前の区間には数本の大小道本の道路が交差している。	・（追跡当初の道路は県道であり）舗装された歩車道の区別のある車道幅員15.5メートル、歩車道幅員各3メートル ・その後、旧道に逃走、歩車道の区別のある幅員5.5ないし8.5メートルの舗装道路で、制限速度40キロメートル規制の一方通行路で、周辺は商店街である。 ・現場付近では歩車道の区別がなく、幅員7.1メートルで、道路脇に電柱、街路灯が設置されており、車両通行の有効幅員が狭められている。 ・また、道路は平坦で、前方100メートルまでの見通しが可能であり、日没直後で、街路灯が点灯していたが、薄暗い状態であった。 ・事故当時、道路面は乾燥し、買物等歩行者は10名程度あったほか、車両が数台駐車していた。	・（追跡当初の道路は国道であり）舗装された歩車道の区別のある4車線（片側2車線）の平坦なほぼ直線道路 ・その後、国道より事故現場に至る約1.7キロメートルの区間の市道は、4車線（片側2車線）から2車線（片側1車線）となるほぼ直線で平坦な舗装道路であり、両側に歩道が設置され、制限速度40キロメートル規制がなされている。 ・また、道路両側には商店、民家等が立ち並び、交差道路が約20か所あり、事故現場まで5か所の交差点に信号機が設置されている。

（は停止中の加害車の約4メートル後方まで接近しているからナンバーを確認も可能であったとしている。）

がてきなかった。

⑬ 無線手配の有無	無線手配をしようとする直前、事故発生	無線手配なし	同道路上でナンバー確認後、再度逃走したので、ナンバー、車種、車色、逃走方向等の無線手配を実施(まもなく交通機動隊の検問開始の無線を傍受)
⑭ 逃走(加害)車の事故直前の警察車両の動向	事故現場手前約210メートル交差点付近で逃走車両が時速約80キロメートルに加速したので、パトカーも約70キロに増速したが、追跡継続しても停止させるのは困難と判断、他のパトカーの応援を求めるため、減速、吹鳴させていたサイレンの消音を待って無線手配しようとしていたが、まだサイレンが作動中止直後に、逃走車が交差点で第三者車両と衝突事故を発生させた。	約30メートルの車間距離を保持し、逃走(加害)車とほぼ同一速度(時速50キロメートルないし60キロメートル)での動静を注視しながら追跡中、逃走車両が店舗に飛び込み、店頭にいた第三者に衝突させた。衝突時、パトカーは事故地点から約32メートルの手前にいた。	追跡継続中、道路が片側1車線となり、更に前方が右にカーブしていて逃走車両が見えなくなったため、赤色灯は点灯させたまま、サイレンの吹鳴を中止し、減速して検索中、同道路を進行中の第三者車両と、逃走車が交差点で進行中の第三者車両との衝突事故を発生させたことが判明した。
⑮ 被疑者名確認	被疑者の氏名は確認できず	被疑者と面識があり、氏名は確認していた。	被疑者の氏名は確認できず

(事案Ⅳ～事案Ⅵ)

分　析	事案Ⅳ（責任否定）	事案Ⅴ（責任肯定）～事案Ⅲと同一（複数の原告が別個に裁判提起したため）	事案Ⅵ（責任肯定）
① 判決年月日	東京地裁昭和56年3月31日	富山地裁昭和57年4月23日	名古屋高裁昭和58年4月27日
② 追跡の端緒	赤信号無視の現認	速度違反の現認	上記事案Ⅴ（第一審・責任肯定）の控訴審であり、事実関係は、前記のとおり。
③ 違反現認時間	午前0時15分ごろ	午後10時50分ごろ	
④ 逃走（加害）車	普通乗用自動車	普通乗用自動車	
⑤ 追跡警察車両	パトカー	パトカー	
⑥ 緊急車両の要件具備その他の配慮	赤色灯を点灯、サイレンを吹鳴し、マイクで停止を呼びかけ	赤色灯を点灯、サイレンを吹鳴	
⑦ 逃走速度	時速約60キロメートルから約70キロメートル	時速約100キロメートル（一時減速あり）	
⑧ 追跡距離	約2.1キロメートル	約4.7キロメートル	
⑨ 逃走（加害）車の特異な動向	排気音を響かせ、数か所の交差点を通行区分に違反して対向車線に進入しかつ赤信号を無視し、蛇行運転を繰り返すなどの暴走	赤信号無視、対向車線はみ出し走行後、信号待ち停止車両の前面を大回り左折し逃走、一時追跡を振り切ったと考え減速したが、追跡に気づき再び加速進行	
⑩ 逃走（加害）車との車間距離	約20メートルないし50メートルの車間距離を確保	約20メートルないし50メートルの車間距離を確保	
⑪ 逃走（加害）車のナンバー確認の有無	追跡開始後、約1,750メートル付近でナンバーを確認	追跡開始後、約970メートル地点の国道上にて一時停止した際、ナンバーを確認	

186

第3　より深い理解のために　187

| ⑫ | 道路状況・人家等の状況 | （追跡当初の道路は甲州街道であり）舗装された歩車道の区別のある車道幅員13メートル、片側2車線で、制限速度40キロメートル規制がなされている。 | ・（追跡当初の道路は国道であり）舗装された歩車道の区別のある幅員約15メートルの4車線（片側2車線）の平坦なほぼ直線道路道路両側には主として会社や商店等の建物が立ち並んでいる。
・その後、国道より事故現場に至る約1.7キロメートルの区間の市道は、歩車道の区別のある平坦な4車線（片側2車線）の道路であり、途中から事故現場まで、2車線（片側1車線）で歩道を含めた道路幅員は約12メートルであり、制限速度40キロメートル規制がなされている。
・また、道路両側には商店、民家等が立ち並び、この区間には約20か所の交差点があり、事故現場まで5か所に信号機が設置されている。 |
| ⑬ | 無線手配の有無 | ナンバーを確認後、被疑者の特徴を確認しようと努めている直後に事故が発生したため、無線手配の暇がなかった。 | 国道上でナンバー確認後、再度逃走したので、ナンバー、車種、車色、逃走方向等の無線手配を実施（まもなく交通機動隊の検問開始の無線を傍受） |

⑭ 逃走（加害）車両の事故直前の動向	追跡開始後、約1,750メートル付近に至って、逃走車両に約20ないし30メートルの距離に接近し、ナンバー確認したその直後に逃走車両が交差点で第三者車両との衝突事故を発生させた。	追跡継続中、道路が右側1車線となり、更に前方が見えなくなったためで逃走車両に接近したまま、サイレンの吹鳴を点灯させたまま、減速して進行した。赤色灯は点灯させたまま、減速して進行した。同道路を進行検索中、逃走車両が交差点で第三者車両との衝突事故を発生させたことが判明した。
⑮ 被疑者名確認	被疑者の氏名は確認できず	被疑者の氏名は確認できず

（事案Ⅶ～事案Ⅸ）

分　析	事案Ⅶ（責任否定）	事案Ⅷ（責任否定）	事案Ⅸ（責任否定）
① 判決年月日	大阪地裁昭和59年12月24日	神戸地裁昭和60年9月25日	最高裁昭和61年2月27日
② 追跡の端緒	赤信号無視の現認	整備不良車両の現認	前記事案Ⅵ（控訴審・責任肯定）の上告審であり、事実関係は同事案Ⅴ（第一審）のとおり。
③ 違反現認時間	午後10時13分ごろ	午前2時30分ごろ	
④ 逃走（加害）車	普通乗用自動車	普通乗用自動車	
⑤ 追跡警察車両	パトカー	パトカー	
⑥ 緊急車両の要件具備その他の配慮	赤色灯を点灯、サイレンを吹鳴	赤色灯を点灯、サイレンを吹鳴し、マイクで停止を呼びかけ	

第3　より深い理解のために　189

	項目		
⑦	逃走速度	時速約60キロメートルから約150キロメートル	時速約40キロメートルから約60キロメートル
⑧	追跡距離	不明（一般道から高速道路に逃走）	約3キロメートル
⑨	逃走（加害）車の特異な動向	信号無視、一時停止違反等の交通違反を重ねて高速道路に入り、一般走行車両の間隙を縫って高速度で逃走	数か所の交差点で赤信号を無視して逃走
⑩	逃走（加害）車との車間距離	不明（手配により7台のパトカーが追跡）	約20メートルの車間距離を確保
⑪	逃走（加害）車のナンバー確認の有無	高速道路で追跡中、ナンバー、特徴等を確認した。	追跡中、ナンバーを確認した。
⑫	道路状況・人家等の状況	・（追跡当初の道路は市街地の一般道であるが）道路状況等は不明 ・その後、一般道から高速道路に逃走したもの	・（追跡当初の道路は国道であるが）道路状況等は不明 ・その後、市街地の一方通行路を逆行しながら逃走、事故現場に至る道路は、幅員約8.5メートル、深夜のためトラック、タクシーの通行がわずかにあり歩行者等はほとんど皆無の状態であった。
⑬	無線手配の有無	高速道路で追跡中、ナンバー、特徴等を確認後、無線手配を実施（これにより7台のパトカーで追跡にあたった）	ナンバーを確認したが、運転者、同乗者の氏名等が不明であったため、無線手配を実施

⑭ 逃走（加害）車両の事故直前の車両の動向	高速道路で追跡中、逃走車両に引き離され見失ったため、発見のため追跡を続けた。逃走車は高速道路出口に向かったが、折からの検問のための渋滞停止中の車両群を認めたが、高速度でかつブレーキのきき方が甘く制動が十分かからず、車両群に突っ込む事故を発生させた。	追跡中、逃走車両は、赤信号を無視し、交差点に進入したため、交差点で第三者車両との衝突事故を発生させた。事故発生時、パトカーは交差点手前で一時停止しており、衝突地点まで16メートル以上の距離があった。
⑮ 被疑者名確認	被疑者の氏名は確認できず	被疑者の氏名は確認できず

(事案Ⅹ～事案ⅩⅢ)

分　析	事案Ⅹ	事案ⅩⅠ	事案ⅩⅡ（責任否定）	事案ⅩⅢ（責任否定）
① 判決年月日	東京地裁昭和61年7月22日	前橋地裁昭和63年9月26日	仙台地裁平成7年10月30日	仙台高裁平成8年5月29日
② 追跡の端緒	赤信号無視、ヘルメット着用義務違反の現認	信号無視、ナンバープレート隠蔽等現認	速度違反の現認	前記事案ⅩⅡ（第一審・責任否定）の控訴審であり、事実関係は、同事案ⅩⅡのとおり。
③ 違反現認時間	午後3時40分ごろ	午前8時12分ごろ	午後11時22分ごろ	
④ 逃走（加害）車	自動二輪車	自動二輪車	普通乗用自動車	
⑤ 追跡警察車両	白バイ	パトカー	パトカー	
⑥ 緊急車両の要件具備その他の配慮	赤色灯を点灯、サイレンを吹鳴	赤色灯を点灯、サイレンを吹鳴し、マイクで停止を呼びかけ	赤色灯を点灯、サイレンを吹鳴し、マイクで停止を呼びかけ	

第3　より深い理解のために　191

⑦ 逃走速度	時速約80キロメートル	時速約80キロメートル	時速約80キロメートルから約90キロメートル
⑧ 追跡距離	約140メートル	約300メートルないし400メートル	約1.3キロメートル
⑨ 逃走（加害）車の特異な動向	運転車・同乗者ともヘルメットを着用せず、赤信号を無視、駐車、走行車両脇を無謀にすり抜けるなどの暴走	信号無視したのみならず、同乗者はカバンでナンバープレートを隠すような動作をし、停止命令に従わず、高速度で逃走	交差点で指定場所一時不停止、赤信号を無視し逃走
⑩ 逃走（加害）車との車間距離	追跡を開始した時点で約50メートルの車間距離を確保したが、引き離された。	追跡を開始したが約70メートル引き離された。	約20メートルの車間距離を確保したが、引き離された。
⑪ 逃走（加害）車のナンバー確認の有無	逃走車両との距離が離れ、ナンバーの確認はできなかった。	同乗者がナンバープレートを隠すようにしており、確認できなかった。	追跡中、ナンバー、運転者の特徴（20歳前後の眼鏡使用の男、長髪女性が同乗）を確認
⑫ 道路状況・人家等の状況	・（追跡当初の道路は）舗装された歩車道の区別のある車道幅員6.6メートル、進路右側に植込みにより区分された幅員2メートルないし4メートルの歩道があり、車道中央には中央線があるほか、制限速度20キロメートルであり、	（追跡当初の道路は）県道のよい直線道路ではなく、前方にうっそうとしている建物などカーブの陰などで見通しが悪くなっており、道路幅員も狭くなっていたが、交通量は少なく、追跡中は他の車両も走行していなかった。	・（追跡当初の道路は国道であるが）その後、県道に逃走、当該道路は歩車道の区別のある片側3車線で、中央分離帯のある広い道路である。 更に、市道に逃走し、当該道路は歩車道の区別のある

⑬ 無線手配の有無	ナンバーの確認ができず、手配はなし。	ナンバーの確認ができず、手配はなし。	被疑者のおおよその風貌とナンバーは確認したが、手配は済んでいなかった。
⑭ 逃走（加害）車の事故直前の警察車両の動向	追跡開始後、約50メートルほどの距離にあり、約140メートル追跡したが、逃走車両は時速約80キロメートルの高速度で逃走し約150メートルほどの距離が離されたため、追跡を断念。前方カーブで逃走車両を	約300メートル追走し400メートルを追跡したが、逃走二輪車は高速度で逃走を中止した。結局追跡を中止した。逃走二輪車は追跡を振り切るため高速度で逃走し、開始された地点から約1.2キロメートルのところで、対向	追跡開始後、約20メートルの車間距離を確保したが、逃走車両は加速度離され、先の道路は歩車道の間に街路樹があり、歩道上に対する深夜営業の飲食店等があったため、追跡を中止した。

片側2車線の道路で、ほぼ直線で見通しも良く、事故現場手前までの道路は街路樹があって、歩道手前の道路の視認性が悪く、交差する道路はあるものの、直線で6.6メートルでは直線で、当時は交通量も非常に少なかった。
また、道路の両側には会社や商店が立ち並んでいる。天候は晴天。

ト規制、駐車禁止規制がなされている。
また、事故現場手前約40メートルの地点まではほぼ直線で見通しが良く（その地点から先はカーブしており、道路両側の建物が商店等で見通しが悪い、商店等が立ち並んでおり、交差する道路もあるが、交通量はどのものではない（事故直後、5分間に7台程度の自動車の往来）。天候は晴天。

第3 より深い理解のために

⑮ 被疑者名確認	視認できなくなり、そのまま走行していったところ、逃走車による第三者自転車との衝突事故を発生させたことが判明した。	する乗用車との衝突事故を発生させたことが判明した。	その後、通常走行していったところ、500メートルほど前方で火花様の閃光を認め、逃走車が交差点で第三者車両との衝突事故を発生させたことが判明した。
	被疑者の氏名は確認できず	被疑者の氏名は確認できず	被疑者の氏名は確認できず

判例から学ぶ　警察車両による追跡活動〔補訂版〕

平成16年12月15日　初　版　発　行
平成21年 2 月15日　補 訂 版 発 行
平成30年10月10日　補訂版 2 刷発行

著　者　国賠訴訟判例研究会
発行者　星　沢　卓　也
発行所　東京法令出版株式会社

112-0002	東京都文京区小石川 5 丁目17番 3 号	03(5803)3304
534-0024	大阪市都島区東野田町 1 丁目17番12号	06(6355)5226
062-0902	札幌市豊平区豊平 2 条 5 丁目 1 番27号	011(822)8811
980-0012	仙台市青葉区錦町 1 丁目 1 番10号	022(216)5871
460-0003	名古屋市中区錦 1 丁目 6 番34号	052(218)5552
730-0005	広島市中区西白島町11番 9 号	082(212)0888
810-0011	福岡市中央区高砂 2 丁目13番22号	092(533)1588
380-8688	長野市南千歳町1005番地	

〔営業〕　TEL 026(224)5411　FAX 026(224)5419
〔編集〕　TEL 026(224)5412　FAX 026(224)5439
http://www.tokyo-horei.co.jp/

©Printed in Japan, 2004
　本書の全部又は一部の複写、複製及び磁気又は光記録媒体への入力等は、著作権法上での例外を除き禁じられています。これらの許諾については、当社までご照会ください。
　落丁本・乱丁本はお取替えいたします。

ISBN978-4-8090-1204-4